LES ASSISES DE TRIANON

GUIDE

POUR LES DÉBATS

DU

PROCÈS BAZAINE

LES ASSISES DE TRIANON

GUIDE

POUR LES DÉBATS

DU

PROCÈS BAZAINE

PAR LE COLONEL CH. MARTIN

ANCIEN COMMANDANT DU 6ᵉ CUIRASSIERS

Documents officiels. — Le texte de la capitulation et ses conséquences. — Le fait et la loi. — Traditions et exemples. — Événements qui ont précédé et déterminé la capitulation. — Lebœuf. — Canrobert — Ladmirault. — Bourbaki. — Desvaux. — Coffinières. — Soleille. — Frossard. — Changarnier. — De Cissey. — Boyer. — Jarras.

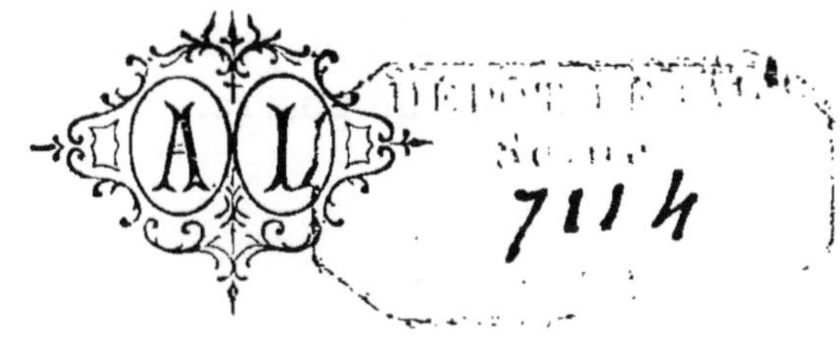

PARIS

ARMAND LE CHEVALIER, ÉDITEUR

61, RUE RICHELIEU, 61

—

I

LE BUT. — POURQUOI CE LIVRE?

NATURE ET DIFFICULTÉ DU PROCÈS. — CE QUI DOIT EN SORTIR. — NÉCESSITÉ D'UN GUIDE POUR L'INTELLIGENCE DES DÉBATS.

Le procès qui va se juger à Trianon appartient à l'histoire. C'est un procès national.

C'est par la puissance de l'opinion publique que le maréchal Bazaine a été traduit devant un conseil d'enquête. C'est aussi la puissance de l'opinion publique qui l'amène aujourd'hui devant le conseil de guerre.

*
* *

Le maréchal Bazaine est-il un traitre ou un incapable, ou bien a-t-il été victime d'événements plus forts que la volonté d'un homme? — A-t-il capitulé avec sa conscience comme les uns le prétendent; ou bien, comme il l'affirme, a-t-il seulement capitulé avec la faim? — A-t-il bien été *maréchal de France* et le défenseur, avant tout, de son pays, comme l'avait garanti son frère ; ou bien en présence de l'étranger et du territoire envahi, a-t-il été seulement le *maréchal de l'Empereur* et le soutien de l'empire ? — En un mot : le maréchal Bzaaine a-t-il fait tout ce qui était en son *pouvoir*, tout ce qui était de son *devoir*, pour soustraire au désastre de Metz la magnifique armée que la France lui avait confiée ?

Telles sont les questions qui vont se poser devant le conseil de guerre. Voilà, au premier abord, le résumé du procès à vider.

Est-ce tout ?

Non, chacun a compris que ce n'est pas seulement un homme qui va paraître devant ces grandes assises. C'est tout un système. C'est le système criminel et maudit qui a perdu la France : système politique et système militaire tout à la fois ; hommes et choses de l'empire.

Quoiqu'on veuille ou qu'on fasse : par la force et la logique des faits, le procès de Metz sera, en réalité, l'enquête que M. Le Royer avait en vain demandée.

Dans ces conditions inéluctables, il serait oiseux d'insister sur l'importance sans limites des débats qui vont s'ouvrir.

La France a dit : on a pu perdre ou gagner des batailles ; on a pu prendre ou livrer des provinces, des cités, des vies......; on ne pourra pas étouffer ma voix ;

La France a dit : rien de mon système militaire n'est sorti intact de cette funeste guerre. Tout a sombré. Je sauverai du moins ce qui peut seul me relever : « Le respect des principes. »

La France a dit enfin : si je dois conclure de mon écrasement, que le sentiment du devoir et de la responsabilité militaire est émoussé ou déconcerté dans mon armée, le procès de Metz doit m'en révéler la cause. *Je veux* qu'il m'en fournisse le remède. *Je veux savoir* ce qui a pu être fait pour amener, chez ceux qui étaient chargés de ma défense, cette confusion inouïe entre le permis et le défendu ; entre ce qui est le fonctionnement régulier, l'exercice légitime de l'autorité, de la discipline, de l'obéissance militaire, et ce qui n'a pu être que l'interprétation erronée, l'abus odieux des principes mêmes sur lesquels doivent reposer ma sécurité et l'intégrité de mon territoire.

Voilà ce qu'a dit le pays.

*
* *

Quelles que soient les destinées politiques qui nous sont réservées, a dit l'armée : roi ou président de la République, ministre de la guerre ou chef du pouvoir exécutif, il faut qu'à l'avenir, au moment de mettre sa signature au-dessous d'une nomination imméritée, *nul* ne puisse oublier la capitulation de Metz. Désormais, en songeant à la patrie démembrée, à notre honneur terni, à nos familles en deuil, il faut que chacun se souvienne qu'en signant la nomination d'un incapable ou d'un indigne, on s'expose à signer en même temps, non-seulement la condamnation à la défaite, mais aussi la condamnation à la honte des braves gens placés sous les ordres de cet incapable ou de cet indigne.

Voilà ce qu'a dit l'armée.

*
* *

On ne saurait le constater assez : pour la conscience humaine, si éprouvée dans les temps tragiques où nous vivons, c'est quelque chose de vraiment consolant que ce grand et solennel procès imposé par l'opinion publique. Il y a quelque chose de profondément viril et patriotique dans cet immense besoin de lumière et de vérité qui s'est emparé du pays tout entier.

La France a voulu, — et elle l'a voulu sans se laisser décourager ni lasser, — que tous les voiles fussent déchirés.

Il semble qu'elle ait compris que sa régénération, aussi bien politique que militaire, était au prix de cette admirable persévérance.

*
* *

Plus que personne, l'armée a éprouvé cette soif de lumière. Nos échecs, hélas ! ne lui avaient que trop démontré combien sa tâche avait été imparfaitement remplie. Elle sentait qu'elle n'avait pas fourni la somme de protection et de résistance que le pays devait attendre d'elle. Mais, disons le bien haut, elle n'a cessé de réclamer que la France fût mise à même de décider, en toute connaissance de cause, si c'était le dévouement de ses défenseurs qui lui avait fait défaut, ou si c'était leurs chefs qui n'avaient pas su s'élever, ni élever les efforts qu'ils avaient demandés, à la hauteur du danger de la patrie.

*
* *

Pendant sa captivité en Allemagne, l'armée n'a cessé de poursuivre le règlement de son compte avec le pays. Aussitôt sa rentrée en France, des milliers de voix sorties de ses rangs ont travaillé sans relâche à éclairer l'opinion publique. Plus tard, dans l'intérêt de la discipline, les règlements militaires ont été invoqués pour mettre un terme à ces révélations ; mais, à ce moment, tous les éléments des questions à vider étaient déjà réunis et publiés.

Bien que les commandants en chef et les généraux qui ont donné l'exemple de ces publications se soient préoccupés surtout de leur propre justification, et de dégager leur responsabilité personnelle, la lumière que les Deligny, les d'Andlau, les Villenoisy, les Yung, les Fay, les Latour du Pin ont cherchée, par pur amour de la vérité et de l'honneur militaire, cette lumière n'a été rendue que plus éclatante par les controverses des Palikao, des Frossard, des De Failly, des Coffinières..... et surtout par le plaidoyer anticipé que le commandant en chef de l'armée de Metz a publié en personne.

*
* *

Comme Crécy, Poitiers et Azincourt dans le passé ; Sedan, Metz et Paris sont les trois noms néfastes qui symboliseront à tout jamais dans l'avenir nos désastres contemporains.

De ces trois grandes catastrophes militaires que l'histoire jugera après nous, une seule semble devoir être élucidée du vivant des auteurs et des victimes. Les deux autres ont obtenu le bénéfice des circonstances atténuantes..... de la fatalité. Aux historiens futurs de faire la juste part à cette trop commode déesse des incapables ou des impuissants. Mais les lueurs que Metz doit jeter sur Sedan et Paris, suffiront à nos neveux pour couper court aux légendes. A ce point de vue : rendre accessible à tous l'intelligence des débats auxquels le pays va assister, c'est travailler pour l'avenir autant que pour le présent.

Si de ces débats, en effet, ne devait pas rester, comme exemple et ineffaçable souvenir, la sanction restaurée, à tout les degrés de la hiérarchie, du devoir et de la responsabilité militaire; il faut bien le dire, ce serait la fin, *finis Galliæ !*..... il est évident que le seul enseignement que nos jeunes générations auraient à tirer de nos malheurs, c'est qu'en fait de défaillances et d'humiliations tout serait permis ou acceptable à l'avenir, car rien du présent n'avait été jusqu'ici dépassé.

*
* *

Tel est donc, dans sa véritable signification, le procès qui va se juger. Procès national s'il en fût jamais, car ce n'est pas seulement la France, c'est aussi, hélas ! ce qui ne l'est plus, c'est Metz la tant regrettée, c'est l'armée, c'est l'universalité des citoyens qui se portent partie dans la cause.

Qu'on ne s'y trompe pas, après avoir cherché la vérité avec passion, si nous faisons tous nos efforts pour que le public puisse la démêler à son tour et bien comprendre le verdict que rendra le tribunal ; nous serions trop heureux de voir prouver que la capitulation de Metz n'a été — malgré ses proportions sans précédents dans l'histoire — qu'une de ces nécessités de guerre auxquelles il est impossible de se soustraire. Nous serions heureux de voir démontrer qu'elle n'a pas été la conséquence d'une politique infernale et anti-française. Nous serions trop heureux d'apprendre que les hommes que l'on a accusés d'avoir traité avec l'ennemi en préférant la ruine de leur armée et de leur pays à celle de leurs espérances, à la perte de leurs dignités, de leurs emplois, de leurs grades, de leurs bagages....., ne sont que des êtres imaginaires !

*
* *

Ah! sans doute, c'est un lamentable spectacle que de voir un maréchal de France sous le coup de pareilles accusations ! Mais avant tout, ce dont il faut avoir souci, c'est de l'honneur du pays. Ce que nous souhaitons, ce que doit souhaiter, sans distinction de parti, quiconque porte un uniforme, c'est la grandeur de l'armée; ce que chacun doit vouloir, c'est la respectabilité de tous ceux qui en font partie; c'est l'irréprochabilité de ceux qui recherchent ou acceptent le redoutable honneur de la commander devant l'ennemi.

Quel que soit maintenant le jugement définitif qui sera porté sur la conduite du maréchal Bazaine, et fut-il reconnu coupable sur tous les chefs, n'oublions jamais qu'il y aura eu, dans cette guerre de 1870, de plus coupables que lui : ce sont ceux qui l'ont entreprise avec une présomption frivole et criminelle; ce sont l'Empereur et ses conseillers. Voilà les responsabilités capitales qu'il importe de ne jamais perdre de vue, et dont aucune autre ne doit nous détourner.

*
* *

Si l'on en juge par la controverse qui dure encore sur certains points de l'histoire du premier empire, la discussion sur les événements de Metz ne sera pas épuisée de longtemps, et il est plus que probable qu'elle survivra au jugement du tribunal de Trianon.

Pour nous, quant à présent, cette discussion est close; notre devoir est tout tracé. Nous estimons qu'il ne serait pas séant que les polémiques extérieures vinssent troubler le recueillement du Conseil de guerre.

Mais à côté des droits de la défense, qui font de la cessation de toute discussion une question de haute convenance, il y a aussi les droits du public.

Confondre la discrétion et la réserve que commande pour un crime ordinaire ou de droit commun la position de l'accusé, avec le droit qui appartient, ou plutôt le devoir qui incombe à chacun dans le cas actuel, serait absurde. On ne peut traiter l'affaire de Metz avec le détachement qu'il est permis d'apporter dans une cause célèbre quelconque, car, ne l'oublions jamais, il s'agit ici d'un intérêt national; il s'agit de la réparation que réclame une armée française paralysée, Metz livrée, la patrie abattue.

Or, le rapport du général de Rivière, dit-on, ne comprendrait pas moins de *quatre gros volumes in-8°.....*; il n'y aurait pas moins d'un de ces volumes consacré, tout entier, au seul exposé des faits et des charges du procès..... *Deux cent soixante-douze témoins* seraient cités, rien que par le ministère public.....

Chacun comprend, d'après cette seule indication, les difficultés, les contradictions, les obscurités, que toutes les responsabilités engagées devront inévitablement faire naître! Comment ne pas se perdre au cours de ce gigantesque débat, à moins de pouvoir consulter à tout instant, à moins d'avoir sans cesse sous les yeux, au moins les faits matériels sur lesquels porteront les discussions.

Ce sont ces faits, tels qu'ils sont établis par des documents exclusivement officiels ou authentiques, que nous avons classés et mis en ordre pour ceux qui se proposent de suivre attentivement les débats du conseil de guerre ; pour tous ceux qui estiment que se désintéresser de ce procès ce serait se désintéresser de notre histoire et de notre avenir.

Le commandant en chef de l'armée du Rhin, en publiant à l'avance, sinon son plaidoyer, tout au moins sa réponse à quelques-unes des accusations dont il est l'objet, s'est placé dans une situation exceptionnelle.

Nous n'userons pas de la liberté qui nous est acquise par cet appel du maréchal Bazaine à l'opinion publique. Nous nous bornerons à enregistrer simplement, loyalement, tous les faits qui le concerneront personnellement. Quant aux questions que ces faits soulèveront, nous les poserons telles qu'elles se présenteront sur le terrain où le maréchal s'est placé lui-même dans son livre.

C'est ainsi que nous comprenons la tâche que nous avons entreprise, et l'impartialité qui doit justifier le titre de notre publication.

Mais le maréchal Bazaine n'a pas signé seul la capitulation de Metz. Autour de lui se groupaient des lieutenants, des fonctionnaires militaires de toute sorte, des administrateurs de tout ordre, et qui, s'ils ne sont pas justiciables, de la loi militaire, n'en restent pas moins, pour leur coopération à cette lugubre aventure, les justiciables de l'opinion publique.

A l'égard de ceux-là, dans l'intérêt même de la défense, nous réservons formellement notre droit d'appréciation.

On a dit, peut-être non sans raison, que dans son livre, le maréchal Bazaine n'avait cherché qu'à entraîner dans sa ruine et sa disgrâce publique le plus de chefs possible de son armée.

C'est peut-être vrai, mais nous estimons qu'à l'égard de quelques-uns au moins, il était bien dans son droit.... et nous le prouverons.

Nous estimons qu'il est bon, qu'il est juste, que le grand responsable de Metz n'ignore pas — et le public non plus, — comment certain de ses lieutenants s'exprimait sur son compte en Allemagne, et comment il exposait à ses subordonnés la conduite de son ancien commandant en chef.

Les détails que nous fournirons à cet égard ne seront pas un des épisodes les moins intéressants de cette triste histoire.

II

LE FAIT

TEXTE DE LA CAPITULATION. — SES CONSÉQUENCES.

DÉPÊCHES PRUSSIENNES OFFICIELLES.

73ᵉ Dépêche du théâtre de la guerre.

27 octobre 1870.

A la reine Augusta, à Hombourg.

« Ce matin l'armée de Bazaine et la place de Metz *ont*
« *capitulé.* Cent cinquante mille prisonniers, et vingt mille
« blessés et malades. L'armée et la garnison déposeront
« *les armes* cette après-midi.
« C'est un des plus grands événements du mois. Grâces
« à la Providence.

« GUILLAUME.

« Présidence royale de police,
« *De Wurmb.* »

74ᵉ Dépêche du théâtre de la guerre.

28 octobre 1873.

« La capitulation a été signée hier soir, et l'ordre de
« tirer *Victoria* transmis directement à Berlin. Le 29, et
« non le 27, la ville et les forts seront occupés. Sont pri-
« sonniers : CENT SOIXANTE-TREIZE MILLE SOLDATS, TROIS
« MARÉCHAUX, PLUS DE SIX MILLE OFFICIERS.

« GUILLAUME.

« Présidence royale,
« *De Wurmb*. »

79ᵉ Dépêche du théâtre de la guerre.

Versailles, 31 octobre.

« Le prince Frédéric-Charles mande que *cinquante-trois*
« *aigles avec les drapeaux nous ont été livrés à Metz...*

« Le quartier-maître lieutenant général,
« *De Podbielski*.

« Présidence royale,
« *De Wurmb*. »

81ᵉ Dépêche du théâtre de la guerre.

Versailles, 4 novembre.

« D'un rapport du général commandant De Zastrow, il
« résulte que nous avons trouvé *jusqu'à ce jour* à Metz :
« *Cinquante-trois* aigles et drapeaux, *cinq cent quarante*
« *et un* canons de campagne, le matériel pour plus de
« *quatre-vingt-cinq* batteries, environ *huit cents* canons

« de forteresse, *soixante-six* mitrailleuses, environ *trois*
« *cent mille* fusils, une énorme quantité de cuirasses,
« sabres, etc., etc... Près de *deux mille* voitures d'équipages
« militaires, de grandes masses de bois, de plomb, bronze
« non travaillé, une fabrique de poudre d'une grande
« valeur, complètement installée, etc., etc.

« Berlin, 5 novembre 1870.

« Présidence royale de police,
« *De Wurmb.* »

Tels sont, d'après les documents officiels allemands, —
documents dont l'exactitude et la sincérité n'ont jamais
été mises en doute, — tels sont les chiffres de cette *livraison* inouïe, de tout ce qui a composé l'armée de Metz, personnel et matériel.

Passons à l'acte même qui a réglé cette livraison.

Texte de la Capitulation.

Art. 1er. — L'armée française, placée sous les ordres du
maréchal Bazaine est prisonnière de guerre.

Art. 2. — La forteresse et la ville de Metz avec tous les
forts, le matériel de guerre, les approvisionnements de
toute espèce, et tout ce qui est la propriété de l'État, seront
rendus à l'armée prussienne dans l'état où cela se trouve
au moment de la signature de cette convention.

Samedi, 29 octobre, à midi, les forts de Saint-Quentin,
Plappeville, Saint-Julien, Queuleu et Saint-Privat, ainsi
que la porte Mazelle (route de Strasbourg) seront remis aux
troupes prussiennes.

A dix heures du matin de ce même jour, des officiers
d'artillerie et du génie, avec quelques sous-officiers, seront

admis dans les forts, pour occuper les magasins à poudre et éventer les mines.

Art. 3. — Les armes, ainsi que tout le matériel de l'armée, consistant en drapeaux, aigles, canons, mitrailleuses, chevaux, caisses de guerre, équipages de l'armée, munitions, etc., seront laissés à Metz et dans les forts à des commissions militaires instituées par M. le maréchal Bazaine, pour être remis immédiatement à des commissaires prussiens. *Les troupes, sans armes,* seront conduites, rangées d'après leurs régiments ou corps, et en ordre militaire, aux lieux qui sont indiqués pour chaque corps. Les officiers rentreront alors, librement, dans l'intérieur du camp retranché ou à Metz, sous la condition de s'engager sur l'honneur à ne pas quitter la place, sans l'ordre du commandant prussien.

Les troupes seront alors conduites par leurs sous-officiers aux emplacements de bivouac. Les soldats conserveront leurs sacs, leurs effets et les objets de campement (tentes, couvertures, marmites).

Art. 4. — Tous les généraux et officiers, ainsi que les employés militaires ayant rang d'officiers, qui engageront leur parole d'honneur par écrit de ne pas porter les armes contre l'Allemagne, et de n'agir d'aucune autre manière contre ses intérêts jusqu'à la fin de la guerre actuelle, ne seront pas faits prisonniers de guerre ; les officiers et employés qui accepteront cette condition conserveront leurs armes et les objets qui leur appartiennent personnellement.

Pour reconnaître le courage dont ont fait preuve pendant la durée de la campagne les troupes de l'armée et de la garnison, il est en outre permis aux officiers qui opteront pour la captivité d'emporter avec eux leurs épées ou leurs sabres, ainsi que tout ce qui leur appartient personnellement.

Les médecins militaires, sans exception, resteront en arrière pour soigner les blessés ; ils seront traités d'après la convention de Genève ; il en sera de même du personnel des hôpitaux.

Art. 6. — Des questions de détail concernant principalement les intérêts de la ville seront traitées dans un appendice ci-annexé, qui aura la même valeur que le présent protocole.

Art. 7. — Tout article qui pourra présenter des doutes sera toujours interprété en faveur de l'armée française.

Fait au château de Frescaty, le 27 octobre 1870.

Signé : L. JARRAS,
Chef d'État-Major de l'armée
de Metz.

Signé : STIEHLE,
Chef d'État-Major de l'armée
prussienne devant Metz.

*
* *

Metz ! notre premier boulevard ! 173,000 hommes, le triple de ce qu'un Kléber ou un Marceau eût demandé pour se faire jour, et pour traverser l'Allemagne d'un bout à l'autre ! 1,400 pièces d'artillerie, de quoi fondre trois colonnes Vendôme ! 53 drapeaux, de quoi décorer tous les temples de Berlin !..... On se demande si l'on rêve...

Voilà ce qu'a livré, d'un seul coup à l'étranger, l'acte que nous venons d'enregistrer.

La loi militaire en main, les traditions du passé sous les yeux, examinons, analysons froidement, sans passion, les différents articles de ce contrat.

*
* *

« L'article 3 est tout simplement odieux. Les drapeaux,

« ces symboles de l'honneur militaire, sont assimilés au
« matériel de l'armée ; et plus loin, dans son *Rapport som-*
« *maire*, nous verrons le commandant en chef de l'armée
« — cherchant à se disculper de ne les avoir pas fait
« brûler — inaugurer l'étrange théorie que voici : « .....
« les trophées militaires n'ont de valeur morale que quand
« ils sont pris sur le champ de bataille ; ils n'en ont au-
« cune quand ils sont déposés dans un arsenal. »

La remise des drapeaux, c'est une tache à l'honneur militaire. Celle des armes, des munitions, c'est une forfaiture,
car ces armes et ces munitions, la Prusse a pu s'en servir
contre les Français qui continuaient la lutte.

Cette remise a donc été un crime.

En admettant — ce qui était vrai *dans les derniers jours*
du blocus — que la capitulation fut inévitable : le devoir
prescrivait de noyer les poudres, de mettre l'artillerie hors
de service, de détruire les approvisionnements, les munitions........ en un mot, tout ce qui pouvait être utile à l'ennemi.

*
* *

L'article 4, comme nous le verrons plus loin, est une
désobéissance formelle à la loi militaire. Aux termes des
règlements, les officiers ne doivent pas se séparer de leurs
soldats ; ils sont tenus de partager leur sort. Le commandant de l'armée de Metz ne devait donc pas tolérer que le
général Jarras inscrivit un pareil article dans la capitulation, et celui-ci avait manqué à son devoir en l'acceptant.
Le même blâme atteint tous ceux qui se sont déshonorés
en abandonnant leurs soldats, et en usant du bénéfice de
cet article 4.

L'officier qui, pour se soustraire à la captivité, et sans l'autorisation de son pays, prend l'engagement individuel de ne plus le défendre, commet le même crime que celui qui déserte devant l'ennemi.

*
* *

« Soyons dignes dans l'adversité, a dit le maréchal Ba« zaine dans son dernier ordre à l'armée de Metz, respec« tons les *Conventions honorables* qui ont été stipulées, si « nous voulons être respectés comme nous le méritons. « *Évitons surtout, pour la réputation de cette armée, les actes* « *d'indiscipline comme la destruction d'armes et de matériel,* « puisque, d'après les usages militaires, places et arme« ments devront faire retour à la France lorsque la paix « sera signée. »

Nous avons mis le lecteur à même d'apprécier ce que le maréchal Bazaine appelle une *convention honorable !* « les honneurs de la guerre », ce qu'obtient toute garnison qui a fait son devoir, ne sont pas même stipulés pour cette vaillante armée qui a livré quatre batailles rangées, et vaincu deux fois ! Autre théorie nouvelle, et bien digne de prendre place à côté de la théorie des drapeaux : « la discipline « consiste à se remettre docilement entre les mains de « l'ennemi, et à lui présenter ses armes propres, luisantes « et en bon état ! »

Nous n'ajouterons qu'un mot : Les sentiments que devait soulever dans l'armée *l'honorabilité* de la capitulation, étaient si peu douteux pour **M.** le maréchal Bazaine, qu'il a fait désarmer ses troupes avant de leur révéler la vérité, et qu'il s'est dérobé à leurs yeux, furtivement, avant l'heure, pour aller se constituer prisonnier de sa personne au quartier-général prussien.

2.

Nous avons dit que nous voulions nous borner, en ce qui touche le commandant en chef de l'armée de Metz, à enregistrer seulement les faits constatés, palpables, officiels, authentiques..... aussi ne voulons-nous pas examiner si la désastreuse capitulation du 27 octobre pouvait ou ne pouvait pas être retardée. Ce serait entrer dans la discussion. Toutefois, il est essentiel que le lecteur puisse se rendre un compte exact de toutes les conséquences de la reddition de Metz, et nous ne-pouvons nous dispenser de rappeler que, parmi les principales accusations qui pèsent sur le maréchal Bazaine, celle d'avoir causé la perte de l'armée de Sedan par son inaction, et celle d'avoir annihilé le succès de l'armée de la Loire à Coulmiers par sa capitulation, tiennent la première place.

En ce qui regarde l'inexécution de l'ordre donné de marcher sur Verdun et la responsabilité du désastre de Sedan, l'affaire se complique d'une question de dépêche que les débats éclairciront sans doute. En ce qui touche l'armée de la Loire, le livre « *Campagne et négociations* » du colonel d'Andlau, nous fournit le renseignement suivant :

« Les moyens matériels de gagner du temps avaient été
« donnés au maréchal le jour même. Dans l'après-midi du
« 27, l'intendant en chef vint le trouver et l'aborda, tout
« joyeux, disait-il, de lui apporter une bonne nouvelle :
« grâce à la mise en commun des ressources des corps
« d'armée et de la place, on se trouvait avoir devant soi
« quatre jours de vivres assurés ; avec celles que l'on comp-
« tait trouver encore à Metz, en les faisant sortir de leurs
« cachettes, il y avait lieu d'espérer que ce chiffre pourrait
« être doublé ; c'était, avec les treize mille chevaux qui
« restaient, de quoi tenir plus longtemps qu'on ne l'avait
« supposé. Voici la réponse du maréchal, qui mérite d'être
« connue, telle qu'elle fut entendue par un témoin de l'in-
« cident : « Eh ! que voulez-vous que cela me fasse,

« monsieur l'Intendant ? Vous auriez des vivres pour
« quinze jours que cela ne changerait rien à la situation ;
« les pourparlers sont engagés, il faut en finir de suite et
« nous en aller. » L'Intendant se retira, confus de l'insuc-
« cès de ses efforts, dont il espérait un tout autre résultat.

« A côté de ces paroles, plaçons le texte du 1er paragra-
« phe de l'art. 255 du service des places : « Le commandant
« d'une place de guerre ne doit jamais perdre de vue qu'il
« défend l'un des boulevards de l'empire, l'un des points
« d'appui de ses armées, et que *de la reddition d'une place
« avancée ou retardée d'un seul jour, peut dépendre le salut
« du pays.* »

Or, c'est le 31 octobre que l'armée du prince Frédéric-
Charles a commencé son mouvement pour se porter contre
notre armée de la Loire, elle ne s'est trouvée en ligne que
vers le 25 novembre. Si elle avait été maintenue à Metz
huit jours de plus, elle n'aurait pu arriver qu'à la fin du
mois au plus tôt. Le général d'Aurelles pouvait donc compléter et poursuivre son succès de Coulmiers ; son mouvement sur Paris n'aurait pas été arrêté. Ces dates en disent
plus que toutes les réflexions sur les conséquences de la
capitulation de Metz, et sur la responsabilité assumée par
le maréchal Bazaine et son conseil.

III

LA LOI

ARTICLES DES RÈGLEMENTS MILITAIRES EN MATIÈRE
DE CAPITULATION

Pour se faire une opinion sur les événements de Metz, au
point de vue de la loi militaire, il suffit d'en placer les principaux articles en regard du texte de la capitulation. Ces
articles sous les yeux, il sera facile au lecteur, même le
plus complétement étranger à l'armée, de suivre, dans
l'esprit qui convient, le résumé historique que nous don-
nerons plus loin. Chacun, de cette façon, pourra apprécier, sinon avec une certitude absolue, du moins avec parfaite connaissance de cause, les faits incriminés. Les débats
du conseil de guerre feront le reste; et ses conclusions
s'imposeront avec d'autant plus de puissance et d'autorité,
qu'elles rencontreront non pas un public passionné,
prévenu, de parti pris, mais bien une opinion réfléchie et
raisonnée.

* *
* *

DEVOIRS DU GÉNÉRAL COMMANDANT D'ARMÉE (art. 244).

« Le général commandant une armée dans l'arrondisse-
« ment duquel *une place en état de guerre* se trouve com-
« prise, veille à ce qu'il y reste, en tout temps, une gar-
« nison suffisante pour en assurer la garde conjointement
« avec la garde nationale. Il ne touche aux munitions de
« guerre et de bouche, formant l'approvisionnement de la
« place, que dans le cas d'absolue nécessité et d'extrême
« urgence ; il les fait remplacer le plus tôt possible. Si la
« place est menacée d'un siége, il complète la garnison
« et les approvisionnements par tous les moyens qui sont
« en son pouvoir. »   (*Service des places*, art. 244.)

* *
* *

DEVOIRS DES AUTORITÉS CIVILES ET MILITAIRES DANS UNE PLACE EN ÉTAT DE GUERRE (art. 242).

« Dans une place en état de guerre, l'autorité civile est
« tenue de concerter avec le commandant de place les
« moyens de réunir, pour le cas de siége, les approvision-
« nements nécessaires à la subsistance des habitants, et les
« ressources que peut fournir le pays pour les besoins de
« la garnison et pour l'exécution des travaux de défense...
(*Service des places*, art. 242).

* *
* *

RESPONSABILITÉ DU COMMANDEMENT (art. 245).

« Le commandant d'une place de guerre ne doit jamais
« perdre de vue qu'il défend l'un des boulevards de l'État,
« l'un des points d'appui des armées, et que de la reddi-
« tion d'une place, avancée ou retardée d'un seul jour,
« peut dépendre le salut du pays.

« *Il doit rester sourd aux bruits répandus par la mal-*
« *veillance et aux nouvelles que l'ennemi lui ferait parvenir,*
« *résister à toutes les insinuations et ne pas souffrir que son*
« *courage et celui de la garnison qu'il commande soient*
« *ébranlés par les événements.*

« *Il ne doit pas oublier que les lois militaires condamnent*
« *à la peine de mort, avec dégradation militaire,* le com-
« mandant d'une place de guerre qui capitule sans avoir
« forcé l'ennemi à passer par les travaux lents et successifs
« des sièges et avant d'avoir repoussé au moins un assaut
« au corps de place sur des brèches praticables. » (*Service
des places*, art. 255).

.   .   .   .

*
* *

DE LA CAPITULATION D'UNE PLACE DE GUERRE (art. 256).

« Lorsque le commandant supérieur juge que le dernier
« terme de la résistance est arrivé, il consulte le conseil
« de défense sur les moyens de prolonger le siége. *Les*
« *art. 254 et 255 sont lus à haute voix.* .   .   .   .
« le commandant prend de lui-même, *en suivant l'avis le*

« *plus énergique* s'il n'est absolument impraticable, les
« résolutions que le sentiment de son devoir et de sa res-
« ponsabilité lui suggère. Dans tous les cas *il décide seul*
« de l'époque et des termes de la capitulation.

« *Jusque là, il a le moins de communications possibles avec*
« *l'ennemi;* il n'en tolère aucune; il ne sort jamais de la
« place pour parlementer; il n'en charge que des officiers
« dont la fermeté, la présence d'esprit et le dévouement
« lui sont personnellement connus.

« Dans la capitulation, *il ne se sépare jamais de ses offi-*
« *ciers ni de ses troupes*, et il partage leur sort après comme
« pendant le siége. Il s'occupe surtout du soin d'améliorer
« le sort du soldat et de stipuler, pour les blessés et les
« malades toutes les clauses d'exception et de faveur qu'il
« peut obtenir. »   (*Service des places*, art. 256.)

*
* *

Art. 209 du Code militaire.

Est puni de mort, avec dégradation militaire, tout gouverneur et commandant qui, mis en jugement après l'avis
d'un conseil d'enquête, est reconnu coupable d'avoir capitulé avec l'ennemi et rendu la place qui lui était confiée,
sans avoir épuisé tous les moyens de défense dont il dis-
posait, et sans avoir fait tout ce que prescrivaient *le devoir
et l'honneur.*

Le décret du 1er mai 1812 était ainsi conçu :

« *Il est défendu à tout général, à tout commandant d'une*
« *troupe armée*, QUEL QUE SOIT SON GRADE *de traiter en rase*
« *campagne d'aucune capitulation écrite ou verbale. Toute*
« *capitulation de ce genre, dont le résultat aurait été de*

« *faire poser les armes*, EST DÉCLARÉE DÉSHONORANTE ET
« SERA PUNIE DE MORT. »

Art. 210 du Code militaire.

Tout général, tout commandant d'une troupe armée,
qui capitule en rase campagne, est puni : — 1º De la peine
de mort, avec dégradation militaire, si la capitulation a eu
pour résultat de faire poser les armes à sa troupe, ou si,
avant de traiter verbalement ou par écrit, il n'a pas fait
tout ce que lui prescrivaient le devoir et l'honneur ; —
2º *De la destitution dans tous les autres cas.*

« Dans une armée en campagne, on ne doit pas retran-
« cher un poste, à moins qu'on ne soit dans des disposi-
« tions purement défensives. . . . .

« Dès qu'un poste retranché est attaqué, *le commandant*
« *doit agir de lui-même, sans attendre d'ordre, ni tenir de*
« *conseil.*

« *Lorsque, par suite de l'emploi de toutes ses munitions,*
« *soit de guerre, soit de bouche, ou de la perte de la majeure*
« *partie de sa troupe, le commandant est dans l'impossibilité*
« *de prolonger sa défense, il encloue les canons, et cherche à*
« *regagner l'armée en surprenant de nuit, ou en traversant*
« *de vive force les postes ennemis.* » (*Service en campagne,*
art. 97.)

Telles sont les lois dont devaient s'inspirer, auxquelles
devaient se conformer les chefs de l'armée et de la place

de Metz. La seule réflexion qui s'impose vraiment après cette lecture, n'est-ce pas que dans le cas où notre code militaire serait à faire, où l'on aurait à l'écrire aujourd'hui pour prévenir les désastres que nous venons de subir, pas un mot ne serait à ajouter, pas un mot à retrancher dans ces textes!... Il faut bien le dire : Ce ne sont pas les lois qui ont fait défaut aux hommes; ce sont les hommes qui ont manqué à la loi.

Mais l'armée, comme la société civile, ne vit pas seulement sous la tutelle de sa loi écrite. Elle vit aussi de ses traditions. Pour elle, comme pour la société, l'expérience des jugements rendus, l'opinion des autorités compétentes, sont à la fois les auxiliaires de la loi, les guides de ceux qui la subissent, la lumière de ceux qui l'appliquent.

Eh bien, les opinions des Villars, des Folard, des Lacuée de Cessac, des Thiebault, en un mot, de tous les hommes de guerre qui ont écrit sur la matière, sont la confirmation la plus absolue des principes adoptés par notre législation militaire.

Historiens ou généraux sont unanimes pour affirmer qu'il n'est pas de *circonstances politiques* ou de *situations désespérées* qui puissent justifier les défaillances :

« . . . . *En temps de révolution, dit le général « Foy, le seul parti à prendre pour les hommes de guerre, « est celui qui respire la haine des étrangers.* »

. . . .

« Il n'y avait d'autre ressource que de se faire égorger, « dit M. Thiers, à propos de la capitulation de Baylen, « *bien que ce soit quelquefois une ressource qui réussisse.....* « Il faut ajouter, dans l'intérêt de la moralité militaire, « que dans ces situations extrêmes, *la résolution de mou-* « *rir est la seule digne, la seule salutaire.* »

. . . .

« . . . . . *Que de choses, a dit Napoléon, qui pa-*

« *raissaient impossibles, ont été faites par des hommes réso-*
« *lus, n'ayant plus d'autre ressource que la mort.*

Il ajoute encore : « Quand un général est cerné par des
« forces supérieures, il ne doit s'inspirer que de la réponse
« du vieil Horace. Dans une situation extraordinaire, il
« faut une résolution extraordinaire..... Cette question ne
« nous paraît pas susceptible d'une autre solution, sans
« perdre l'esprit militaire d'une nation, et sans s'exposer
« aux plus grands malheurs. »

IV

DOCTRINES DE NAPOLÉON Ier SUR LES CAPITULATIONS

SES JUGEMENTS, SES OPINIONS SUR LE DEVOIR, LA DISCIPLINE, LA RESPONSABILITÉ ET LES CHATIMENTS EN MATIÈRE DE CAPITULATION.

Puisque nous venons de faire appel aux doctrines de Napoléon,—de Napoléon Ier bien entendu, car il ne saurait être question des principes de Napoléon III en matière de capitulation , — nous croyons utile de reproduire ici tout ce qui a été écrit à ce sujet par celui qui « a su porter si haut l'honneur du drapeau, et relever si énergiquement les lois de la discipline dans nos armées, » . . . . quel que soit d'ailleurs le regrettable emploi qu'il ait pu faire de ces dernières.

Dans ces pages, qui gardent l'empreinte du « maître à tous, » on trouvera sur le véritable caractère de la discipline et de l'obéissance militaire ; sur les prétendues exigences de l'humanité quand la défense du pays fait un devoir de combattre ; sur la conservation de la vie des soldats, quand il s'agit de repousser l'étranger ; on retrouvera, disons-nous, des déclarations qui ne sauraient être oubliées. Il est bon, il est sain, que toutes ces choses, si souvent invoquées et dont le sens exact a été si profondément perverti dans la dernière guerre, soient rétablies sous leur véritable jour, par la bouche du plus grand de nos hommes de guerre.

1° *Devoirs et obligations du général en chef.*

« La gloire et l'honneur des armes est le premier devoir
« qu'un général doit considérer ; *le salut et la conservation*
« *des hommes n'est que secondaire ; mais c'est aussi dans*
« *cette audace, dans cette opiniâtreté, que se trouvent le salut*
« *et la conservation des hommes.* »

. . . .

« Surpris par une armée supérieure, un grand capitaine
« paiera d'audace et marchera à l'ennemi. Par ce mouve-
« ment, il déconcerte son adversaire, et si celui-ci met
« de l'irrésolution dans sa marche, un général habile,
« profitant de ce moment d'indécision, peut encore espé-
« rer la victoire...., par cette conduite hardie ; *il maintient*
« *l'honneur des armes,* cette partie si essentielle de la force
« d'une armée. » (*Mémoires de Napoléon.*)
« . . . . . Qu'une armée soit battue, ce n'est rien,
« le sort des armes est journalier et l'on répare une défaite ;
« mais qu'une armée fasse une capitulation honteuse,
« c'est une tache pour le nom français, pour la gloire des
« armes. Les plaies faites à l'honneur ne guérissent
« point, l'effet moral en est terrible. On dit qu'il n'y avait
« pas moyen de sauver l'armée, de prévenir l'égorgement
« des soldats. Eh ! il eût mieux valu qu'ils eussent tous
« péri les armes à la main, qu'il n'en fût pas revenu un

« seul. Leur mort eût été glorieuse, nous les eussions
« vengés ; on retrouve des soldats, il n'y a que l'honneur
« qui ne se retrouve pas (1).

2° Devoir des commandants de place.

« . . . . A la guerre, un commandant de place
« N'EST PAS JUGE DES ÉVÉNEMENTS ; il doit défendre la place
« jusqu'à la dernière heure ; il mérite la mort quand il la
« rend un moment plus tôt qn'il n'y est obligé. (*Mémoires*
« *de Napoléon.*)

. . . .

« Une place de guerre ne peut protéger la garnison et
« arrêter l'ennemi qu'un certain temps ; ce temps écoulé,
« et les défenses de la place détruites, la garnison posera
« les armes..... Cependant il est des généraux, Villars est
« de ce nombre, qui pensent qu'un gouverneur ne doit
« jamais se rendre ; mais à la dernière extrémité, il doit
« faire sauter les fortifications, et profiter de l'obscurité
« pour se frayer un passage au travers de l'armée assié-
« geante. Dans le cas où l'on ne peut pas faire sauter les for-
« tifications, on peut toujours sortir avec sa garnison et
« sauver les hommes. Les commandants qui ont adopté
« ce parti ont rejoint leur armée avec les trois quarts de
« leur garnison. (*Mémoires de Napoléon*).

3° Des capitulations des garnisons et des capitulations sur le champ de bataille.

« Les capitulations faites par des corps cernés, soit pen-

---

(1) Opinion de Napoléon à propos de la capitulation de Dupont à
Baylen.

« dant une bataille, soit pendant une campagne active,
« sont un contrat dont toutes les clauses avantageuses sont
« en faveur des individus qui contractent, et dont toutes
« les clauses onéreuses sont pour les autres soldats de
« l'armée (1). Se soustraire au péril pour rendre la posi-
« tion des autres plus dangereuse est évidemment une
« lâcheté. (*Mémoires de Napoléon.*)

. . . .

« Autoriser les généraux et les officiers à poser les
« armes, en vertu d'une capitulation particulière, dans
« toute autre position que celle où ils forment la garnison
« d'une place de guerre, offre des dangers incontestables.
« C'est détruire l'esprit militaire d'une nation, que d'ou-
« vrir cette porte aux lâches, aux hommes timides, ou
« même aux braves égarés. Dans une situation extraordi-
« naire, il faut une résolution extraordinaire, plus la
« résistance d'un corps armé sera opiniâtre, plus on aura
« de chances d'être secouru ou de percer. (*Mémoires de
Napoléon.*)

. . . .

« Aucun souverain, aucun peuple ne peut avoir de
« garanties, s'il tolère que les officiers capitulent en
« plaine, et posent les armes en vertu d'un contrat favo-
« rable aux individus de l'armée qui le contracte, mais
« contraire aux intérêts du pays et des autres armées; . .
« . . . . se soustraire au péril, pour rendre la position de
« ses frères d'armes plus dangereuse, est évidemment une
« lâcheté. . . . .
« . . . . . . *une pareille conduite doit être proscrite,*
« *déclarée infâme, et passible de la peine de mort. Les*

____

(1) Voir les *Conséquences de la capitulation de Metz pour l'armée
de la Loire.*

« généraux, les officiers, les soldats qui, dans une bataille,
« ont sauvé leur vie par une capitulation, doivent être
« décimés; celui qui commande de rendre les armes, et ceux
« qui obéissent, sont également traîtres et méritent la peine
« capitale. »

« Il n'est qu'une manière honorable d'être fait prison-
« nier de guerre, c'est d'être pris isolément, et lorsqu'on ne
« peut plus se servir de ses armes ; alors, il n'y a pas de
« conditions, car il ne saurait y en avoir avec l'honneur;
« mais on est forcé de se rendre prisonnier par une néces-
« sité absolue. » (*Mémoires de Napoléon.*)

4° De la discipline et de l'obéissance militaire au point de vue des capitulations.

« De ce que les lois et la pratique de toutes les nations
« ont autorisé spécialement les commandants des places
« fortes à rendre leurs armes, et qu'elles n'ont jamais
« autorisé aucun général à faire poser les armes à ses
« soldats dans un autre cas, on peut avancer qu'aucun
« prince, aucune république, *aucune loi ne les y a autorisés.*
« *Le souverain ou la patrie commande à l'officier inférieur*
« *et aux soldats l'obéissance envers leur général et leurs*
« *supérieurs, pour tout ce qui est conforme au bien ou à*
« *l'honneur du service. Les armes sont remises aux soldats*
« *avec le serment militaire de les défendre jusqu'à la mort.*
« Un général a reçu des ordres et des instructions pour
« employer ses troupes à la défense de la patrie : comment
« pourrait-il avoir l'autorité d'ordonner à ses soldats de
« livrer leurs armes et de recevoir des chaînes. (*Mémoires*
« *de Napoléon.*)
« . . . . . . *Celui qui commande de rendre les armes,*

« *et ceux qui obéissent, sont également traîtres*, et méritent
« la *peine capitale* !

. . . .

« Les règles rigoureuses de la discipline militaire sont
« nécessaires pour garantir l'armée des défaites, du car-
« nage et surtout du déshonneur. Il faut qu'elle regarde le
« déshonneur comme plus affreux que la mort. Une nation
« retrouve des hommes plus aisément qu'elle ne retrouve
« son honneur ! » (*Mémoires de Napoléon.*)

Quand on a lu ces déclarations si positives, ces préceptes
si élevés, ces prescriptions si patriotiques « du juge devant
lequel il n'y a pas d'appel » en matière de discipline, que
penser des théories de M. Changarnier taxant de désobéissance les malheureux officiers qui refusaient de capituler !
Que dire de M. Changarnier traitant de « braillards » le
général Clinchant et ceux qui, avec lui, voulaient tenter,
coûte que coûte, de se faire jour à travers les lignes prussiennes ! Comment Napoléon aurait-il qualifié cette parole
impie de l'aveugle vétéran : « J'aime mieux que l'armée
périsse plutôt que de la voir se sauver par l'indiscipline ! »

V

LES TRADITIONS

— — —

LE DEVOIR ET LA RESPONSABILITÉ MILITAIRE
DANS LES ARMÉES D'AUTREFOIS.

Nous avons vu que la loi et les doctrines militaires
étaient d'accord pour condamner les capitulations. Toutes
les traditions de l'armée française ne le sont pas moins
sur la nature des devoirs qu'elles imposent et la responsabilité qu'elles entraînent.

Les armées de l'ancienne monarchie, les armées de la
République et du premier empire, les armées de la monarchie constitutionnelle nous en fourniraient de nombreux
exemples.

Les limites de notre cadre ne nous permettent malheu-
reusement pas de les placer tous sous les yeux de nos
lecteurs. Obligés de nous restreindre, nous nous bornerons à en rappeler un petit nombre, d'un intérêt plus particulier peut-être, les uns parce qu'ils appartiennent à

l'histoire de Metz, les autres parce que les témoins en sont encore vivants.

Tout le monde connait la défense de Metz par le duc de Guise. Un autre Lorrain, aussi grand homme de guerre peut-être, mais à coup sûr plus vertueux citoyen, Fabert, l'une des illustrations les plus pures de Metz, écrivait en 1640 au ministre de la guerre :

« Si, pour empêcher qu'une place que le roi m'a confiée « ne tombât au pouvoir des ennemis, il fallait mettre à « une brêche ma personne, ma famille et tout mon bien, « je ne balancerais pas un moment à le faire. »

Gravées sur le socle de la statue élevée à Fabert sur la place d'armes de Metz, ces belles paroles du simple soldat devenu maréchal de France, ne devaient-elles pas être un austère enseignement pour ses successeurs de l'armée du Rhin?

Un siècle plus tard, en 1736, le maréchal de Belle-Isle, gouverneur de Metz, écrivait à son fils, le comte de Gisors, tué depuis à l'ennemi :

« ..... *Aimez votre patrie*, aimez votre roi, vous le devez « parce que c'est le devoir imposé à tout citoyen..... sou- « venez-vous sans cesse *que ce n'est point pour vous* que « vous avez été fait colonel, mais pour le bien et l'honneur « du service; que la gloire de l'État soit donc votre grande « préoccupation. »

La patrie *et* le roi ! mais la patrie *avant* le roi, la patrie *avant tout* !

En voyant ce courtisan de Louis XV, ce seigneur d'une cour si frivole et si corrompue, parler comme Fabert l'ancien soldat, n'est-on pas tenté de se demander si la patriotique atmosphère de Metz ne suffisait pas jadis pour élever toutes les âmes, pour grandir tous les cœurs à l'unisson.

Dans l'ancienne armée : La défense de Grave par Cha-

milly en 1675, la défense de Lille en 1708 par Boufflers ;
— pour les *armées de la République ;* le suicide de Beau-
repaire à Verdun, la défense de Mayence par Doyré, celle
de Gênes par Masséna ; — pour les *armées de l'empire :* la
défense d'Almeida par Brenier, celle de Burgos par Du-
breton en 1812, celle de Saint-Sébastien par Rey en 1813 ;
— enfin, pour l'armée que le régime de Juillet et la seconde
République avaient léguée à Napoléon III : la défense de
Mazagran par le commandant Lelièvre, et celle du marabout de Sidi-Brahim par le capitaine Géraux, sont de no-
bles exemples auxquels nous ne pouvons que renvoyer le
lecteur. Ils lui montreront comment on se soustrait aux
capitulations, et tout ce qu'on peut attendre et obtenir de
la fermeté pour prolonger une défense. Ils lui montreront
aussi que, partout et toujours, la vraie force a été dans le
patriotisme et la volonté des chefs qui se sont illustrés dans
ces mémorables circonstances. Comme nous, le lecteur
arrivera à cette conclusion que, dans les situations difficiles, disons même désespérées, c'est au caractère, autant
pour le moins qu'aux autres qualités de leurs chefs, que
nos armées et nos forteresses ont dû leur salut. Le caractère : c'est-à-dire la constance, l'opiniâtreté, le désintéressement, le dévouement ! le caractère, cette forme du
patriotisme, cette puissance morale qui donne au général
le talent d'exalter, d'enlever non-seulement ses troupes,
mais la population tout entière à la hauteur des périls à
surmonter, et qui fait de leur enthousiasme et de leur
union une force que rien ne saurait abattre ! Le caractère.... c'est, hélas ! ce qui a manqué aux hommes de Metz,
de Sedan, de Paris, comme à tous les hommes de l'empire. C'est ce qui nous a fait défaut d'un bout à l'autre de
cette funeste guerre ! c'est ce qu'il faut retremper dans
tous les rangs de la nation et de l'armée.

Dans cinquante ans d'ici, quand nos neveux liront notre

histoire d'hier, ils ne voudront pas y croire. Si inégale que fût la lutte où nous étions engagés, ils croiront rêver en voyant quels effectifs, quelles ressources, quels moyens d'action et de résistance ont été inutilisés, perdus pour la défense du pays, misérablement livrés à l'envahisseur ! A quelque point de vue qu'on se place, on arrivera nécessairement à constater que, si tous nos efforts ont été condamnés à la stérilité, c'est que le sentiment du devoir et de la responsabilité ne présidait pas à la direction de ces forces incontestables.

Eh bien, nous ne le répéterons jamais assez : c'est ce principe de la responsabilité qu'il faut restaurer. C'est par des comparaisons, si cruelles qu'elles soient pour notre amour-propre ; c'est en montrant à quel degré, naguère encore, ce principe était respecté dans l'armée, que nous secouerons l'anémie morale où l'empire nous avait plongés. Le récit de la défense héroïque de Sidi-Brahim, et celui de la seule capitulation en rase campagne que la France ait eu à déplorer entre le premier et le second empire auront, à ce point de vue, un double intérêt. Les témoins sont encore vivants ; en voyant ce que nous étions hier, nous apprécierons mieux ce que nous sommes devenus, disons mieux : ce que nous sommes fermement résolus à redevenir.

VI

LE DEVOIR ET LA RESPONSABILITÉ MILITAIRE SOUS LE GÉNÉRAL CAVAIGNAC

LE CAPITAINE GÉREAUX ET LA DÉFENSE DE SIDI-BRAHIM. — LE LIEUTENANT MARIN ET LA CAPITULATION D'AIN-TEMOUCHEN.

LA DÉFENSE DE SIDI-BRAHIM. — LE GÉNÉRAL CAVAIGNAC ET LE CAPITAINE GÉREAUX.

C'était au mois de septembre 1845, l'Algérie était en feu. Abd-el-Kader venait de soulever toutes les tribus de l'ouest.

Le général Cavaignac commandait à Tlemsen sur la frontière du Maroc.

Il avait pour chef du bureau arabe M. Bazaine aujourd'hui maréchal de France.

Tous nos postes étaient bloqués. Nos minces colonnes harcelées, obligées de faire face partout, avec des forces d'un effectif ridicule, étaient impuissantes à dominer l'insurrection.

Le 22 septembre, entouré par tous les contingents des Traras, le général Cavaignac n'avait pu se frayer un passage qu'en livrant un combat furieux, et en levant son camp au milieu de la nuit.

Nous n'avions que 1,800 à 2,000 hommes. Les Kabyles comptaient au moins sept ou huit mille fusils. C'était une levée de boucliers générale dans la province d'Oran.

Notre bivouac, commandé par la proximité de l'eau, était précisément assis au fond d'une vallée, et sur l'emplacement où, cinquante ans auparavant, une armée turque avait été exterminée par les Kabyles sans pouvoir parvenir à se dégager. Ce souvenir, passé à l'état de tradition dans les montagnes des Traras, exaltait au plus haut degré leur ardeur, et la confiance que leur donnait leur énorme supériorité numérique. A plusieurs reprises, au milieu de la fusillade incessante qu'ils entretenaient sur notre camp, leurs vedettes nous avaient crié de nous préparer à subir le sort de nos devanciers les Turcs.

Bref, la situation était des plus périlleuses. On en jugera par ce fait qu'au matin, lorsque les Kabyles s'aperçurent, avec le jour, que Cavaignac leur avait dérobé son mouvement en levant son camp, l'attaque devint tellement enragée que, pour refouler les masses qui escaladaient les pentes par lesquelles nous nous retirions, les artilleurs de la section laissée en appui à l'arrière-garde furent obligés de rouler leurs obus à la main, comme des grenades, sans avoir le temps de charger leurs pièces.

Toutefois, malgré cet acharnement de l'ennemi, malgré son écrasante supériorité numérique, malgré les conditions les plus défavorables, et la certitude de ne pouvoir être secouru; grâce à la décision et à l'énergie de Cavaignac, notre petite colonne parvint à se frayer un passage. Après trois jours et trois nuits de combats continuels, nous étions dégagés.

A la même date, le 23 septembre, à quelques lieues de nous, le colonel Montagnac, cerné comme nous par des forces décuples, soutenait pendant toute la journée une lutte désespérée, et se faisait tuer à la tête de son détachement *sans daigner même répondre aux propositions de l'Émir*. L'action terminée, il ne restait aux mains des Arabes que des cadavres ou des blessés.

Une seule compagnie commandée par le capitaine Géreaux, coupée du reste du détachement, avait échappé au massacre en battant en retraite sur un marabout, entouré d'un petit mur à hauteur d'appui, qui dominait le champ de bataille.

C'était une compagnie de chasseurs de Vincennes.

Pendant trois jours et trois nuits, du 23 au 26 septembre, ces braves repoussaient tous les assauts, et maintenaient leur position en faisant éprouver des pertes énormes à l'ennemi. Ils étaient *une centaine contre plusieurs milliers* d'Arabes et de Kabyles commandés par Abd-el-Kader en personne.

Sans vivres, sans eau, sans sommeil, sous un ciel de plomb, obligés de boire leur urine, ces admirables soldats, après avoir mangé leur dernière miette de biscuit, après avoir brûlé leur dernière cartouche, ne songeaient pas à se rendre.

Ils n'avaient pas de drapeau brodé et galonné, ils n'avaient pas *d'aigle!* mais un mouchoir et une cravate arborés par Géreaux sur leur simulacre de retranchement, avaient suffi pour leur rappeler les couleurs de la France et leur devoir.

A plusieurs reprises, pénétré d'admiration pour ce mâle courage, Abd-el-Kader avait fait cesser le feu, et leur avait envoyé des parlementaires, promettant la vie sauve au détachement s'il voulait mettre bas les armes. Chaque fois, Géreaux avait repoussé ces propositions, menaçant de brûler la cervelle à un interprète qui se trouvait avec ses hommes, et qui suppliait d'accepter les offres de l'émir. Géreaux était tombé, et était mort en faisant jurer à ses chasseurs de ne pas se rendre.

Le troisième jour, aucun secours n'arrivant, Géreaux tué, ses officiers tués, la moitié de la compagnie tuée ou hors de combat ; ce qui restait de survivants prenait une résolution sublime.

Ces cinquante ou soixante hommes mettaient au milieu d'eux les blessés qui pouvaient marcher, serraient une dernière fois la main à ceux qu'ils étaient obligés d'abandonner ; puis, se ruant à la baïonnette sur les Arabes, ils marchaient sur Djmaâ-Rhazaouat (Nemours) à travers une nuée d'ennemis.

A une lieue du marabout de Sidi-Brahim, sur les cinquante il en restait *trente*.....

Quelques centaines de mètres plus loin, il n'en restait que *douze*.....

Enfin, *neuf* seulement arrivaient épuisés, mourants, sous les murs de Nemours.....

Sur ces neuf, deux avaient conservé leurs carabines. Malgré leur épuisement, ils avaient persisté à allourdir leur marche sous le poids de ces armes devenues inutiles faute de cartouches, plutôt que de les abandonner à l'ennemi.

Kléber, le général républicain, communiquant à son armée une proposition de capitulation, et la faisant suivre de ces seuls mots : « *On ne répond à de pareilles insolences que par une victoire. Soldats, préparez-vous à combattre!* »

Kléber, gagnant la bataille d'Héliopolis avec dix mille hommes contre quatre-vingt mille Turcs;

Certes, Kléber est grand.....

Aux voix qui, au plus fort d'une lutte inégale, lui criaient de se rendre pour avoir la vie sauve, la Garde, sublime dans son cynisme soldatesque, répondant par le refus que l'on sait, et que la légende a traduit : « *La Garde meurt et ne se rend pas.* »

Certes, Cambronne et la Garde ont été grands.....

Kléber, Cambronne et la Garde passeront à la postérité; qui oserait dire que Géreaux, le modeste et ignoré capitaine, que ses héroïques chasseurs aient rien à envier à ces illustres devanciers ?

En 1845 on ne savait déjà plus parler cette admirable langue militaire qui semble, de nos jours, bien définitivement perdue; mais on savait toujours frapper fort. On ne jurait pas de mourir, mais on se faisait tuer quand il le fallait. « Honneur militaire et patrie » n'étaient pas de vains mots..... et l'on savait encore se faire jour à travers l'ennemi, fût-on un contre dix !

CAPITULATION EN RASE CAMPAGNE, ET RESPONSABILITÉ MILITAIRE SOUS LE GÉNÉRAL CAVAIGNAC.

Nous avons vu comment on comprenait *le devoir* sous les ordres du général Cavaignac. Nos lecteurs vont apprécier maintenant comment on y comprenait *la responsabilité militaire.*

Nous sommes toujours dans ce mois de septembre 1845, l'une des époques les plus critiques que notre colonie algérienne ait traversées depuis la conquête.

Au moment où le détachement de Montagnac était

écrasé à Sidi-Brahim, au moment où la colonne de Cavaignac luttait pied à pied contre l'insurrection ; nos postes étaient bloqués sur tous les points de la province d'Oran.

Le capitaine Safranet commandait, à dix lieues de Tlemsen, la redoute d'Aïn-Temouchen. A la suite de plusieurs attaques, sa compagnie avait épuisé presque toutes ses munitions. Il avait fallu donner l'ordre à la petite garnison de ne plus tirer qu'à bout portant, et le moment approchait où le détachement allait être réduit à la situation des chasseurs de Sidi-Brahim.

Un homme se dévoue.

Il sort d'Aïn-Temouchen pendant la nuit, et parvient à passer à travers les Arabes qui bloquaient la redoute. Il apporte à Tlemsen la nouvelle de la situation du détachement. Des cartouches ! on ne demande que des cartouches ! On a encore des vivres, et il y a un puits dans la redoute.....

On forme aussitôt un convoi de mulets, que l'on charge de vingt-deux caisses de munitions ; mais il faut lui donner une escorte.

Il n'y a plus rien, rien à Tlemsen. Tout ce qui est valide tient la campagne avec Cavaignac. La population civile fournit les postes et tint à grande peine en respect la population indigène prête à se soulever.....

Avec bien de la difficulté, en prenant les non-valeurs, les bottiers, les tailleurs, les selliers, les ouvriers d'administration, on réunit un détachement ; les fiévreux sortent de leur lit, à l'hôpital, pour le compléter à deux cents hommes.....

Le commandement de ce détachement est donné au lieutenant Marin, avec mission de partir à minuit et d'arriver, coûte que coûte, à Aïn-Temouchen le lendemain.

C'est 10 ou 11 lieues à faire en plein pays soulevé. Les Arabes ont brûlé le pont de l'Isser, et Abd-el-Kader tient la plaine avec tous ses contingents fanatisés par le massacre de Sidi-Brahim.

Marin se met en route; il a sous ses ordres un autre officier, H***, du 41e de ligne (1), et le docteur Cabasse, que l'on envoie pour soigner les blessés d'Aïn-Temouchen.

La détachement perd du temps pour trouver un gué et passer l'Isser, il fait pourtant le tiers du chemin pendant la nuit; mais, au jour, il est signalé, les Arabes arrivent de tous les points de l'horizon, il est entouré et le combat s'engage.

Les hommes commencent à tomber. Ce sont des ouvriers militaires, nous l'avons dit, bien plutôt que des soldats. D'instant en instant la situation devient plus critique. Cependant on marche, on marche toujours en tiraillant.

Bientôt des mulets sont tués ou blessés; il faut s'arrêter, tout en combattant, pour répartir leur chargement sur le reste du convoi..... Les hommes de l'escorte continuent à tomber.

A ce moment, Abd-el-Kader envoie un déserteur de la légion étrangère en parlementaire. Il offre la vie sauve, à la condition de mettre bas les armes et de livrer les munitions intactes.

Le commandant de l'escorte repousse ces propositions. On se remet en marche, toujours plus péniblement; la lutte continue et l'acharnement des Arabes augmente avec les pertes qu'ils subissent. Leurs meilleurs cavaliers viennent se faire tuer sur les baïonnettes de l'escorte sans parvenir à la culbuter; mais on est obligé de s'arrêter une seconde fois avant de gravir les hauteurs qui forment le bassin de l'Isser.....

Abd-el-Kader fait cesser le feu..... Il envoie de nouveau

_____

(1) Cet officier est mort pendant sa captivité; on comprendra le sentiment qui nous fait taire son nom.

son parlementaire..... Il promet de bien traiter ses prisonniers.....

. . . .

Marin était un bon officier et un brave officier. Il avait
été décoré pour fait de guerre. Il savait son métier. Enfin
il avait pris de bonnes dispositions; il avait fait, pour
protéger et sauver son convoi, tout ce que commandait la
situation..... Mais l'ennemi grossissait sans cesse; ses
hommes se voyaient entourés de tous côtés et commençaient à perdre courage.....; ils comprenaient qu'il n'y
avait plus d'espoir d'arriver à Aïn-Temouchen.....

Marin consulte ses officiers : malgré l'avis du docteur
Cabasse, — avis d'autant plus désintéressé que les Arabes
épargnaient toujours les médecins prisonniers, — malgré
l'avis de Cabasse, qui opine pour qu'on continue à se
battre, pour qu'on résiste jusqu'au dernier homme, Marin
se range à l'avis de H***, qui croit que l'on a fait tout ce
que demandait l'honneur..... Marin se laisse influencer
par les prières de quelques pauvres diables qui viennent
de voir le feu pour la première fois.....; il sait qu'il a de
tristes soldats; il sent qu'il ne peut plus compter sur
eux.....; il cède; il capitule!.....

Que le lecteur écoute bien maintenant ceci :

Après de longs mois d'une captivité dont les rigueurs
eussent été, à bien des yeux, l'expiation suffisante d'un
seul instant de défaillance, Marin, qui avait été envoyé au
Maroc avec les autres prisonniers, était délivré par l'intermédiaire des Espagnols et rendu.

Au moment même où il débarquait à Oran, où il posait
le pied sur le quai, sur la terre française, un gendarme lui
mettait la main sur l'épaule et le conduisait à la prison
militaire.

Un conseil de guerre était immédiatement convoqué.

Vingt-quatre heures après, à l'unanimité, Marin était

condamné à mort pour avoir capitulé, pour avoir livré son détachement, pour n'avoir pas fait sauter les munitions qui lui étaient confiées.

Marin avait sous ses ordres la plus triste troupe que l'on puisse fournir à un chef pour une mission difficile et périlleuse ;

Marin était cerné par des forces dix fois, vingt fois supérieures aux siennes….. ; il était isolé, sans appui ; aussi bien perdu s'il avançait que s'il reculait ;

Marin avait fait tout ce qui était en son pouvoir pour remplir sa mission, avant d'accepter une capitulation offerte et d'abord repoussée…..

Marin avait une bonne réputation…… sa situation était affreuse ; il y avait en sa faveur toutes les circonstances atténuantes possibles…..

Mais il avait capitulé !

A l'unanimité, nous l'avons condamné à mort (1).

Que nos lecteurs rapprochent maintenant les deux cents hommes de Marin des cent soixante-treize mille de Metz ; qu'ils mettent en regard les *vingt-deux* caisses de cartouches de son détachement et les dépêches prussiennes que nous avons relatées plus haut,….. et qu'ils se forment une opinion (2).

---

(1) Louis-Philippe a fait grâce de la vie à Marin, mais il a été destitué et il a disparu de l'armée.

(2) Le docteur Cabasse appartenait à l'hôpital militaire de Lyon en 1870.

VII

DE LA RESPONSABILITÉ MILITAIRE CHEZ LES PUISSANCES ÉTRANGÈRES

AUTRICHE : BENEDECK ET SADOWA. — ITALIE : PERSANO ET LISSA. — ANGLETERRE : BYNG ET L'AGINCOURT. — PRUSSE : FINK ET STEINMETZ, ETC.

Si notre code militaire est sévère, ce serait une erreur de croire que l'on est plus indulgent à l'étranger ; tant s'en faut. Ce qui s'est passé en Autriche à l'égard des généraux Benedeck, Krismaniec et Kenikstein prouve que l'on n'y pardonne même pas *la médiocrité ou l'insuffisance*. Les mesures dont ces généraux, certainement plus malheureux que coupables, ont été l'objet, sont une leçon à méditer par les ambitieux, les vaniteux et les incapables de tous les pays.

Nous regrettons de ne pouvoir donner *in extenso* le rapport de la *Gazette de Vienne* du 8 décembre 1866 ; mais nous allons en extraire les passages les plus importants ; ils suffiront à en faire apprécier l'esprit, surtout si l'on veut bien ne pas oublier que Benedeck, battu à Sadowa, n'en avait pas moins soutenu une lutte honorable, une campagne qu'aucun acte déshonorant pour les armées autrichiennes n'avait signalée.

Le rapport en question est précédé d'une lettre de l'empereur François-Joseph au ministre de la guerre, par laquelle il le prévient que, « tout en prenant acte de la dé-« cision du tribunal suprême militaire d'ouvrir une ins-« truction contre les généraux Benedeck, Kenikstein et « Krismaniec, il trouve bon, néanmoins, d'ordonner que « l'on s'abstienne d'une procédure judiciaire contre eux. »
Voici maintenant les principaux considérants du rapport qui suit cette décision .

« . . . .

« Quoi qu'il nous en coûte, nous sommes obligés de ré-« péter la dure parole que le feldzeugmestre Benedeck « n'était pas à la hauteur de sa mission ; *qu'il s'est produit* « *dans ses plans et dans ses dispositions des fautes qu'il est* « *impossible de justifier d'après les règles de la stratégie, et* « *qui, considérées en elles-mêmes, pourraient même offrir,* « *au point de vue juridique, des motifs pour poursuivre le* « *cours de la procédure,* si des raisons puissantes ne par-« laient pas en faveur d'une appréciation moins sévère « des choses.

« Si, dans l'enquête qui a été faite, on avait constaté « le moindre indice d'une mauvaise volonté ou d'une né-« gligence préméditée, on n'aurait pas manqué de donner « à la loi son interprétation et son application la plus ri-« goureuse ; ce n'est pas à la négligence ou au manque « d'énergie, à l'indifférence ou à l'imprudence que sont « dues les fautes qu'a commises Benedeck dans le com-« mandement de son armée.

« Personne n'aurait pu aspirer, avec une meilleure vo-« lonté et avec plus d'ardeur, au succès de l'Autriche, mais

« des circonstances politiques et militaires qui se sont
« produites avant et pendant cette guerre malheureuse
« exigeaient, pour être dominées, un de ces hommes de
« génie si rares dans tous les temps et parmi lesquels le
« général Benedeck, avec toutes les qualités qui le dis-
« tinguent, ne peut plus être compté.

« Après ce qui est arrivé, après le désastre, aux consé-
« quences encore incalculables, dont nous avons été
« frappés, nous regrettons profondément qu'il en soit ainsi ;
« *mais il n'existe pas de loi qui condamne le manque de*
« *capacité, et, en pareil cas, il ne reste rien que l'expiation*
« *qui résulte de ce que les personnes de ce genre sont éloi-*
« *gnées pour toujours d'une sphère qui ne leur convient pas,*
« Plus la sphère était élevée et honorable, plus l'expiation
« est douloureuse.

« *C'est sous ce point de vue qu'il faut envisager la mise à*
« *la retraite, effectuée il y a un mois, des généraux Benedeck,*
« *Kenikstein et Krismaniec.* Cette mesure n'impliquait
« nullement, à cette époque, le complet achèvement de
« la procédure entamée contre ces généraux. C'est dans
« ces derniers temps que le compte rendu de la commis-
« sion d'enquête, examiné et approuvé par la haute-cour
« de justice militaire, a été soumis à la décision de l'em-
« pereur (1).

« S. M., à la suite d'une juste appréciation des choses,
« a daigné aujourd'hui ordonner la cessation de toute
« procédure judiciaire ultérieure au sujet de cette affaire.
« La perte de la confiance impériale, le sentiment du
« malheur immense dont l'armée, sous son commande-
« ment, et la monarchie ont été atteintes, doivent être,

---

(1) Comme l'indique la lettre de l'empereur, la haute-cour s'était
prononcée pour la *mise en jugement,* et le « manque de capacité » était
le seul reproche articulé contre les généraux autrichiens !

« pour un homme magnanime chez lequel le sentiment
« de l'honneur tenait une si grande place, une expiation
« plus lourde à porter que n'importe quelle punition qui
« aurait pu lui être infligée.

« Il nous reste à ajouter que, par la publication d'un
« compte rendu authentique des campagnes de cette
« année, publication à laquelle on travaille sans relâche,
« *toutes les classes de la population seront à même de se*
« *former un jugement impartial d'après un exposé franc*
« *et fidèle des faits.* »

Insister sur la noblesse et l'élévation d'un pareil langage, sur l'austère sévérité des leçons qu'il renferme, sur le sens profondément militaire des actes qu'il implique, ce serait faire injure à nos lecteurs.

C'est ainsi que parlent et agissent les nations qui se relèvent.

*
* *

L'Italie, dans cette même guerre de 1866, ne s'est pas montrée moins rigoureuse à l'égard de l'amiral Persano, que l'Autriche à l'égard de ses généraux.

Vaincu par l'amiral autrichien Tegethoff, à la bataille de Lissa, Persano, comme Benedeck à Sadowa, avait été plus incapable que coupable. Il n'avait manqué ni d'énergie, ni d'activité, mais de science. Mais il a suffi qu'il se fût montré notoirement au-dessous de son commandement pour que sa conduite ait été déférée à un tribunal. Le jugement qui l'a frappé est encore trop récent pour que nous ayons besoin de le rappeler.

*
* *

Nous ne parlerons que pour mémoire de la récente affaire de l'*Agincourt*. Certes, si le commandement supérieur semble pouvoir être exonéré parfois de la responsabilité absolue, c'est à la mer, où son action ne peut s'exercer comme dans les armées de terre. Il semble que, chaque vaisseau évoluant isolément et sur signaux, un commandant de bord, par une manœuvre intempestive ou trop lente, peut compromettre l'exécution d'un ordre bien donné, sans que ce soit la faute de l'amiral.

Les Anglais ne l'entendent pas ainsi, et nous avons vu un amiral et un contre-amiral mis tous les deux en non activité, parce qu'un de leurs vaisseaux, l'*Agincourt*, avait été brisé sur l'écueil de la *Perle*, à Gibraltar, il y a deux ans.

Sous le rapport de la sévérité à l'égard de ses généraux et de ses amiraux, le peuple anglais a, plus d'une fois, dépassé la mesure de l'équité. On peut dire qu'il est inexorable en fait de responsabilité. Il ne permet pas même d'être malheureux. En cas de désastre, la « fatalité » est, pour nos voisins, un mot vide de sens. L'amiral John Byng, fusillé en 1757 pour avoir été battu à Minorque par La Galissonnière, en est un exemple. Byng ne fut reconnu coupable ni de trahison, ni de lâcheté, ni seulement de n'avoir pas fait tout ce qu'il pouvait pour détruire la flotte française ;..... et cependant il fut condamné à mort.

Ce sont là des procédés carthaginois que l'on ne saurait approuver ; mais le sort de Byng, comme de bien d'autres, est une preuve de plus que, à l'étranger, la responsabilité pèse d'un bien autre poids que chez nous, sur ceux qui ont l'honneur de commander les armées.ᵣₑ

*
* *

Utile est ab hoste docere. Les Prussiens nous ont donné des leçons de plus d'un genre dans cette dernière guerre. Le vieux Steinmetz, un des héros de la campagne de 1866, l'une des gloires les plus respectées de l'armée prussienne, Steinmetz, relevé de son commandement et renvoyé à l'intérieur pour une seule faute commise devant Metz, est un exemple frappant de la façon dont on entend en Prusse la responsabilité militaire. Et Steinmetz, à tout prendre, n'avait péché que par excès d'ardeur !

Cette sévérité ne date pas d'hier dans l'armée prussienne. Dans la campagne de 1750, Frédéric avait détaché le général Finck avec dix-huit mille hommes sur Maxen, afin de couper les défilés de la Bohême à l'armée autrichienne. Cerné par des forces doubles, après un combat assez vif, le général Finck capitula, et quatorze mille hommes posèrent les armes. Cette défection fut d'autant plus honteuse que le général Vunch, qui commandait la cavalerie, ayant réussi à se faire jour, tout le blâme de cette capitulation tomba sur le général Finck, qui fut traduit devant un conseil de guerre, cassé de ses dignités militaires, et condamné à la prison.

*
* *

Chez nous, sous le premier empire, la capitulation de Baylen présenta des circonstances analogues à celles de Maxen. Le général Vedel, avec sa division, était éloigné du champ de bataille. Ce général eut la faiblesse d'obéir

à l'ordre de Dupont qui l'avait compris dans la capitulation. Ce fut, comme nous en avons vu de nos jours, un
malentendu de l'obéissance militaire. C'est à ce propos
que Napoléon a encore dit : « Un général qui capitule, un
« général au pouvoir de l'ennemi n'a plus d'ordres à don-
« ner : celui qui lui obéit est criminel. »

En 1644, un simple capitaine, Des Essart, mis à la Bas-
tille pour avoir rendu Ba laguer ; le maréchal de Lamothe
Houdancourt, gouverneur de la Catalogne traduit, en 1648,
devant le Parlement de Grenoble pour s'être fait battre,
par sa faute, à Lerida, montrent suffisamment que sous
l'ancienne monarchie on ne transigeait pas toujours avec
l'intérêt miltiaire, même quand il s'agissait d'un maréchal
de France.

Quant au général Dupont, puisque son nom revient sous
notre plume à propos de Baylen, rappelons qu'il fut condamné à la dégradation et à la destitution (mai 1812).
Cette décision était la suite du décret que voici : « Le gé-
« néral de division Pierre Dupont est destitué de ses
« grades militaires ; les décorations qui lui avaient été ac-
« cordées lui sont retirées ; son nom sera rayé du catalogue
« de la Légion d'honneur. Il lui est fait expressément in-
« hibition et défense de porter à l'avenir l'habit militaire,
« de prendre le titre de comte et de faire usage des ar-
« moiries que nous avons attachées à ce titre. Les dota-
« tions qu'il tenait de notre munificence seront mises sous
« le séquestre. Il sera transféré dans une prison d'État,
« pour y être détenu jusqu'à nouvel ordre. »

Tous ces exemples, jusqu'à celui du lieutenant Marin,
sous Louis-Philippe, prouvent qu'en France, comme à
l'étranger, sous tous les gouvernements, les capitulations
militaires ont été envisagées au même point de vue.

Il est vrai que la Restauration rendit à Dupont ses titres
et ses dignités, et en fit même son ministre de la guerre,

comme il est vrai aussi qu'à force de révoquer les anciens officiers, et de les remplacer par des émigrés ou de jeunes gentilshommes, Dupont finit par mettre un tel désordre dans l'armée, que Louis XVIII fut obligé de lui reprendre son portefeuille.....

Par les temps et tentatives qui courent, ce dernier souvenir a bien son intérêt; mais s'il était bon de le rappeler, notre cadre nous oblige à laisser à d'autres le soin d'en tirer les enseignements.

VIII

BAZAINE EST-IL SEUL RESPONSABLE?.

RÉSUMÉ HISTORIQUE DES ÉVÉNEMENTS QUI ONT PRÉCÉDÉ
ET DÉTERMINÉ LA CAPITULATION

Nous ne voulons nullement présenter ici un exposé complet des opérations de l'armée du Rhin, ni décrire les batailles qui ont été livrées. Nous voulons seulement *enregistrer sommairement, et à leurs dates*, les événements militaires et politiques qui ont précédé la capitulation. Les fautes commises, les accusations portées, les justifications à fournir auront ces événements pour origine ou pour base dans les débats du conseil de guerre; il faut donc que le lecteur puisse s'y reporter et en bien suivre l'enchaînement au fur et à mesure que le procès se déroulera.

Nous ne parlerons pas de la déplorable légèreté avec laquelle la guerre a été entreprise, ni de la plus déplorable résolution de l'empereur de se réserver le commandement exclusif de toutes les troupes réunies en une seule armée.

Napoléon Ier ne reconnaissait qu'à un général de grande expérience la faculté de diriger 100,000 hommes; Napoléon III a voulu en commander 300,000. On sait ce qu'il est advenu de nos corps d'armée disséminés sur la frontière, de Belfort à Thionville, exactement comme on distribuerait des factionnaires le long d'un mur. Faibles partout, séparés par des distances qui ne leur permettaient ni de s'appuyer, ni de se venir en aide, nos corps d'armée ont été battus sur tous les points, par les forces supérieures que l'ennemi a chaque fois concentrées sur leur front.

C'est l'histoire du *combat de Wissembourg* où la division d'avant-garde du 1er corps *se laisse surprendre* et couvrir d'obus dans son camp, avant d'avoir le temps de prendre les armes.

Les surprises! ce sera le mot de la campagne!

Nous serons encore surpris à Spickeren (Forbach), où le 2e corps du général Frossard sera obligé de prendre les armes sans avoir le temps de lever ses bivouacs, et perdra ses effets de campement qu'il ne pourra plus ramasser en battant en retraite.....

Nous serons encore surpris à Rézonville, où la division de cavalerie de Forton, chargée de couvrir l'armée, sera surprise dans son camp par les obus de l'ennemi. La retraite précipitée de cette cavalerie à travers les lignes du 2e corps laissera à peine à celui-ci le temps de prendre les armes.....

Nous serons surpris à Beaumont, où le corps du général de Failly sera mitraillé dans son camp, ses chevaux à l'abreuvoir, les fusils de son infanterie démontés.....

Mais nous n'avons à nous occuper que de la période pendant laquelle le maréchal Bazaine a commandé en chef; bornons-nous donc à résumer la situation au jour où il a été investi de son commandement:

Nous ne parlons pas de la ridicule affaire de *Saarbruch*

(2 août) où le prince impérial reçoit « *le baptême du feu.* »
Le 2ᵉ corps (Frossard) déploie trois divisions contre quelques bataillons prussiens soutenus par deux batteries, et deux régiments de cavalerie. Les avant-postes de l'ennemi évacuent Saarbruch.

Le 4 août : combat *de Wissembourg.* Le général Douay (Abel), surpris dans son camp, est attaqué par trois corps d'armée (2ᵉ bavarois, 5ᵉ et 11ᵉ corps prussiens); il est tué, et sa division est obligée de battre en retraite, laissant tout son campement aux mains de l'ennemi.

Le 6 août : bataille de Frœschviller (Reischoffen). Le 1ᵉʳ corps français, commandé par le maréchal Mac-Mahon, soutenu par une division du 7ᵉ corps (Félix Douay), lutte contre cinq corps d'armée prussiens, est battu, et perd un drapeau, 28 canons et cinq mitrailleuses. Il se retire sur Saverne d'où il gagne ensuite le camp de Châlons avec le 5ᵉ corps (de Failly). La réunion des 1ᵉʳ et 5ᵉ corps venus de Bitche, du 7ᵉ venu de Belfort et du 12ᵉ venu de Paris, a formé l'armée dite « de Châlons. »

Le 6 août : combat de Spickeren (ou Forbach). Le jour même où le 1ᵉʳ corps était battu à Reischoffen, le 2ᵉ livrait également un combat malheureux à Spickeren, sous les ordres du général Frossard. Le 2ᵉ corps se retirait sur Sarreguemines abandonnant un équipage de pont, d'énormes approvisionnements accumulés à Forback, et le matériel de campement de ses 1ʳᵉ et 3ᵉ divisions.

A Reischoffen, nous avions eu, sans compter les tués et les blessés, neuf mille prisonniers, et à Spickeren de 12 à 1500. La victoire de Reischoffen avait été achetée par les Prussiens au prix de 500 officiers et plus de 10,000 hommes hors de combat. A Spickeren les pertes étaient à peu près égales des deux côtés : 5,000 homme environ.

A la suite de ces échecs répétés coup sur coup, la magnifique ligne des Vosges, si facile à défendre, est perdue.

L'Alsace et la Lorraine sont envahies, et un désarroi complet règne dans l'état-major général français. On perd la tête, c'est une véritable panique, et toute l'armée bat en retraite sur Metz. Le 11 août elle s'y trouve *concentrée pour la première fois*, sur la rive droite de la Moselle, et l'on prend la résolution de se retirer sur Châlons. Toutefois, l'effet déplorable qu'allait produire cette décision et l'abandon de la Lorraine sur l'esprit public, font hésiter au dernier moment. On perd les journées des 10, 11, 12, et 13 août dans ces tergiversations.

L'empereur, comprenant enfin qu'on le rend responsable de la mauvaise situation de l'armée, se décide à donner le commandement au maréchal Bazaine, et à supprimer les fonctions de major-général remplies jusque là par le maréchal Lebœuf. On accuse à juste titre celui-ci, comme ministre, des lenteurs et de l'insuffisance de l'organisation de l'armée, en même temps qu'on lui reproche l'ordre de bataille insensé auquel, en sa qualité de chef d'état-major général, il aurait dû s'opposer dès le début.

On fait comprendre à l'empereur que ce qu'il a de mieux à faire, pour son compte, est de quitter l'armée. *Le 12 août, le maréchal Bazaine prend le commandement, avec l'ordre de passer, sans retard, sur la rive gauche de la Moselle et de se diriger sur Verdun.*

Par suite de la suppression des fonctions du major-général, des deux aides-major généraux, et de la nomination du général Coffinières au commandement supérieur de la place de Metz, le grand état-major général de l'armée se trouve ainsi constitué :

Commandant en chef : maréchal Bazaine.

Chef d'état-major général : général Jarras.

Commandant de la garde : général Bourbaki.

Commandant du 2e corps : général Frossard.

Commandant du 3e corps : maréchal Lebœuf.

Commandant du 4ᵉ corps : général de Ladmirault.

Commandant du 6ᵉ corps : maréchal Canrobert.

Commandant en chef de l'artillerie : Général Soleille.

Commandant en chef de la place de Metz : général Coffinières.

Intendant en chef : l'intendant Lebrun.

Le 14 août l'armée effectue son passage sur la rive gauche de la Moselle. Cette opération est interrompue par les Prussiens, et il en résulte le *combat de Borny*, dans lequel l'avantage nous reste, bien que les Prussiens se l'attribuent de leur côté. Le caractère indécis de cette affaire semble résulter de l'absence de trophées d'un côté comme de l'autre.

Le 15 août l'armée continue son mouvement ; mais, grâce aux mauvaises dispositions prises, et à l'absence de ponts en nombre suffisant (alors qu'on a l'arsenal de Metz à sa disposition !) le 16 au matin la concentration des 3ᵉ et 4ᵉ corps n'était pas encore complète. A 9 heures les Prussiens attaquent. L'action devient bientôt générale, et dure jusqu'à la nuit. Ce combat, dans lequel l'armée française repousse tous les assauts et fait éprouver des pertes énormes à l'ennemi a pris, pour nous, le nom de *bataille de Rézonville*.

Malgré ce succès bien constaté, puisque l'armée avait conservé toutes ses positions. et couché sur le champ de bataille, au lieu de continuer la marche sur Verdun dès le lendemain, l'armée française se reporte en arrière. *Le 17 août*, elle se rapproche de Metz, afin, dit le maréchal Bazaine dans son rapport, « *de se ravitailler en vivres et en munitions.* »

Ainsi, on s'était mis en route pour Verdun le 14, et, à peine à une journée de marche de Metz, on prétendait n'avoir plus ni vivres ni munitions en quantités suffisantes pour faire 15 lieues, c'est-à-dire gagner la Meuse où l'on devait trouver tous les approvisionnements réunis à Verdun !

Le 18 août, bataille de Saint-Privat (ou de Gravelotte) : Les Prussiens ont profité de notre mouvement de recul pour se masser sur la rive gauche et couper la **route** de Verdun. Ils attaquent avec toutes leurs forces. **La** bataille dure jusqu'à la nuit. *Le commandant en chef ne paraît pas sur le champ de bataille.* Le soir l'aile droite est forcée, et le 6e corps (Canrobert) est obligé d'évacuer Saint-Privat.

Le 19 août, nouveau mouvement en arrière, l'armée vient se placer entre les forts détachés, et, *malgré les ordres donnés de marcher sur Verdun, elle reste, à partir de ce jour, sur la défensive sous les canons de la place.*

Du 20 au 26 août, l'armée de Metz ne fait aucun mouvement. Cependant le maréchal **Bazaine** a reçu des nouvelles de l'armée de Châlons. Il sait que Mac-Mahon est prêt à le soutenir et à conformer ses mouvements aux siens.....

Le 18 août, il a reçu une dépêche télégraphique de l'empereur, le prévenant que Verdun renferme tous les approvisionnements qui lui font défaut à Metz.....

Le 19 août, Mac-Mahon lui a écrit pour lui demander dans quelle direction il doit lui venir en aide.....

Le 20 août, le maréchal **Bazaine** a répondu au maréchal Mac Mahon : «..... Je suivrai très-probablement pour vous rejoindre la ligne des places du nord..... »

Le 22 août, la question des munitions se trouve résolue. On a découvert, dans les magasins du chemin de fer, un convoi de *quatre millions de cartouches dont on ignorait l'existence!* Aussi, à cette même date du 22, le général Soleille écrit au maréchal Bazaine pour le prévenir que *« toutes les batteries de combat sont réapprovisionnées.....* *Tous les parcs, moins celui du 6e corps, qui est resté à Châlons, sont complets..... Les cartouches de l'infanterie sont complétées à quatre-vingt-dix par homme, sans compter une réserve divisionnaire de cinquante autres par homme, et une réserve de* 3,800,000 *à la suite du parc de la réserve générale.*

Malgré ces conditions si satisfaisantes, l'armée ne fait aucun mouvement pendant les journées des 22, 23, 24 et 25 août.

Le 26 août, concentration de l'armée sur la rive droite de la Moselle, et, au moment où tout le monde s'attend à marcher, réunion d'un *conseil de guerre,* qui décide..... qu'on ne marchera pas ! Dans ce conseil, on parle encore du manque de vivres et de munitions. Ni le général Soleille, ni le maréchal ne parlent de la lettre du 22. Il n'est pas dit non plus un mot de l'armée de Mac-Mahon, des instructions qui prescrivent de marcher sur Verdun, etc.

Le 31 août, nouvelle concentration de l'armée sur la rive droite. Une dépêche de Mac-Mahon, reçue le 30 seulement, d'après le maréchal Bazaine (reçue le 23, d'après les affirmations de l'état-major), a prévenu que l'armée de Châlons s'est dirigée sur l'Aisne et Montmédy. Le maréchal Bazaine ne donne qu'à quatre heures l'ordre d'attaquer. L'armée livre le *combat de Sainte-Barbe et de Servigny,* et s'empare de ces positions. Mais l'affaire, engagée trop tard, n'est pas terminée à la nuit. Les Prussiens en profitent pour réunir leurs réserves, et le lendemain, 1er septembre, on bat de nouveau en retraite; mais cette fois, c'est la dernière. A part quelques affaires de détail, *jusqu'à la capitulation, l'armée ne sortira plus des glacis de Metz.....* et l'on n'est encore qu'au 2 septembre !

Le 7 septembre, l'armée commence à manger ses chevaux. Le maréchal persiste dans son inaction. A ce moment, et jusqu'au 20 septembre encore, l'armée aura conservé toute sa vitalité, toute sa force; plus tard, ses moyens d'action iront chaque jour s'épuisant.

Le 12 septembre : Nouvelle du désastre de Sedan.

Le 16 septembre : Par la voie de l'ordre du jour, le maréchal Bazaine annonce à l'armée du Rhin la captivité de l'empereur, le départ du prince impérial et de l'impératrice ; enfin, la constitution du gouvernement de la Défense nationale. Il donne les noms des membres qui le composent, et termine en rappelant à l'armée *que ses devoirs et obligations envers la patrie en danger restent les mêmes.*

Le 17 septembre : Réunion des chefs de corps d'armée et des généraux de division. Le maréchal annonce son intention d'*attendre les ordres du gouvernement,* mais sans préciser lequel.

Le 23 septembre : Arrivée du sieur Régnier, se disant envoyé par l'impératrice. Le maréchal, malgré le caractère plus que douteux de ce personnage, autorise le général Bourbaki à se rendre à Hastings sur la seule parole de Régnier.

A partir de cette date, le maréchal Bazaine entretient des communications suivies avec l'ennemi, et un échange de correspondances continuelles s'établit avec le prince Frédéric-Charles. Cependant, il s'en faut encore de plus d'un mois que l'on ne soit arrivé au moment de capituler. (Voir les articles 245 et 246 du règlement en ce qui regarde les communications avec l'ennemi, et les nouvelles qu'il peut avoir intérêt à propager, etc.)

Dès cette époque (23 septembre), le commandant en chef paraît admettre l'opportunité d'une capitulation (avec les honneurs de la guerre, il est vrai). Quant à la place de Metz, « elle serait *en dehors de la question,* parce qu'elle a un gouverneur indépendant, et qui a reçu son mandat directement de l'empereur. »

Tels sont les termes d'une conversation de M. le maréchal Bazaine avec le sieur Régnier (1).

____

(1) Voir l'*Armée du Rhin,* par le maréchal Bazaine.

Le 10 *octobre :* Second conseil de guerre, dans lequel il est décidé que des pourparlers seront engagés afin d'obtenir une *convention* honorable !..... Le général Boyer est envoyé à Versailles. Il part le 12 et revient le 17.

Le 18 *octobre :* Troisième conseil de guerre, pour entendre les nouvelles — toutes de source allemande — rapportées par le général Boyer. Ces nouvelles, qui représentent la France dans une anarchie complète : Rouen et le Havre demandant des garnisons prussiennes ; l'Italie redemandant Nice et la Savoie !..... etc., etc., ces nouvelles sont acceptées pour vraies par le conseil et sans bénéfice d'inventaire. A la majorité de six voix sur huit, le conseil décide d'envoyer cette fois le général Boyer à Hastings auprès de l'impératrice.

Le 24 *octobre :* Le prince Frédéric-Charles, jugeant que les vivres sont épuisés, écrit au maréchal Bazaine que les négociations politiques n'ayant pas abouti, et « l'avenir de la cause impériale n'étant nullement assuré par l'attitude de la nation et de l'armée française, » il ne peut plus être question pour l'armée de Metz de jouer le rôle qu'on lui destinait dans la restauration de l'empire..... En d'autres termes, il n'y a plus qu'à capituler.

Le 24 *octobre :* Quatrième conseil de guerre, dans lequel on prie le général Changarnier de se rendre auprès du prince Frédéric-Charles, pour demander : soit la neutralisation de l'armée, qui donnerait son appui « *aux pouvoirs constitués, en vertu de la constitution de* 1870 » (autrement dit, à l'empire !), afin de traiter de la paix ; — soit son internement sur un point du territoire français, pour y remplir *la même mission d'ordre !* (toujours la restauration de l'empire !) ; soit enfin l'envoi de l'armée en Algérie.

Le général Changarnier n'obtient rien. M. le général de Cissey, bien que cette tâche soit celle du chef d'état-major et non la sienne, est alors envoyé pour établir les bases de la capitulation.

Le 26 octobre : Cinquième conseil de guerre, pour entendre MM. Changarnier et de Cissey. Cette fois, le conseil décide enfin *que M. le général Jarras, comme chef d'état-major de l'armée, se rendra auprès du chef d'état-major de l'armée allemande, pour régler avec lui les conditions définitives, qui devront être acceptées par tous les membres présents.*

Le 28 octobre : Sixième et dernier conseil de guerre, pour entendre le texte de la capitulation. Le conseil décerne un *satisfecit* à M. le général Jarras, pour la manière dont il a usé de ses pouvoirs ! et approuve le texte.....

Le 29 octobre, l'armée quitte ses lignes pour se rendre en Allemagne, et le maréchal Bazaine se constitue prisonnier au quartier-général du prince Frédéric-Charles, en laissant l'ordre qui suit à ses troupes :

Ordre général n° 12 à l'armée du Rhin.

« Vaincus par la famine, nous sommes contraints de su-
« bir les lois de la guerre en nous constituant prisonniers.
« A diverses époques de notre histoire militaire, de braves
« troupes, commandées par Masséna, Kléber, Gouvion-
« Saint-Cyr, ont éprouvé le même sort, qui n'entache en
« rien l'honneur militaire, quand comme vous on a aussi
« glorieusement rempli son devoir jusqu'à l'extrême limite
« humaine.

« Tout ce qu'il était loyalement possible de faire pour
« éviter cette fin a été tenté et n'a pu aboutir.

« Quant à renouveler un suprême effort pour briser les
« lignes fortifiées de l'ennemi, malgré votre vaillance et
« le sacrifice de milliers d'existences, qui peuvent encore

« être utiles à la patrie, il eût été infructueux, par suite de
« l'armement et des forces écrasantes qui gardent et ap-
« puient ces lignes : un désastre en eût été la consé-
« quence.

« Soyons dignes dans l'adversité, respectons les *conven-*
« *tions honorables* qui ont été stipulées, si nous voulons
« être respectés comme nous le méritons. Evitons surtout,
« pour la réputation de cette armée, les actes d'indisci-
« pline, comme la destruction d'armes et de matériel,
« puisque d'après les usages militaires, places et arme-
« ments devront faire retour à la France quand la paix sera
« signée.

« En quittant le commandement, je tiens à exprimer à
« tous, aux généraux, officiers et soldats, toute ma recon-
« naissance pour leur loyal concours, leur brillante valeur
« dans les combats, leur résignation dans les privations, et
« c'est le cœur brisé que je me sépare de vous.

« Le maréchal commandant en chef,

« BAZAINE. »

Nous avons pris vis-à-vis de nous-mêmes l'engagement
de nous défendre, de toutes nos forces, de formuler un jugement ou une opinion sur la conduite personnelle du maréchal Bazaine. Constater les faits, rien que les faits, et
poser les questions qu'ils soulèvent règlementairement,
voilà, en ce qui le regarde, la tâche que nous avons entreprise pour l'instruction des lecteurs non militaires.

Mais l'histoire a des droits qu'on ne peut laisser ou-
trager. Si nous pouvons, sans protester, laisser M. Bazaine
qualifier la capitulation de Metz de « *convention hono-*
rable; » si nous pouvons le laisser se comparer à Masséna,
à Kléber ou à Gouvion-Saint-Cyr, nous ne pouvons laisser
croire à nos lecteurs que le sort infligé à la malheureuse
armée de Metz ait eu rien de commun avec les conditions

honorables obtenues par les vaillants généraux qui viennent d'être cités.

Masséna, après s'être défendu dans Gênes avec un courage héroïque, obtint du général Ott et de l'amiral Keith, non-seulement de sortir avec armes et bagages et libre de tout engagement ; mais ses malades et son artillerie furent même transportés à Antibes par les vaisseaux anglais, et, aussitôt rendue à destination, l'armée de Gênes reprit les hostilités.

Quant à Kléber, nous ne savions pas qu'il eût jamais personnellement capitulé, et nous ne connaissions que sa réponse la veille de la bataille d'Héliopolis, qui n'y ressemble guère. Kléber faisait partie, il est vrai, de la garnison de Mayence, sous les ordres du général Doyré ; il était général de brigade, et prit une part importante à la défense comme adjudant-général ; mais il ne commandait pas en chef. On sait, du reste, que la garnison de Mayence ne fut pas faite prisonnière ; elle sortit avec ses armes et une partie de son artillerie, et sans autre engagement que de ne pas servir pendant un an contre la Prusse et l'Autriche. Les *Mayençais* furent envoyés en Vendée.

Gouvion-Saint-Cyr, pour sa capitulation de Dresde, pourrait, il est vrai, être revendiqué à plus juste titre par M. Bazaine : « Les capitulations les plus inouïes dans les « fastes de la guerre, a dit Napoléon, sont celles de Man- « toue (Wurmser) et d'Ulm (Mack). *La capitulation de* « *Dresde est une faute d'écolier ; elle a beaucoup d'analogie* « *avec celle de Mack à Ulm.* » Ajoutons toutefois que Gouvion-Saint-Cyr, après sa longue résistance, avait obtenu d'être reconduit en France avec ses troupes. S'il fut retenu prisonnier, c'est par un manque de foi des alliés.

QUESTIONS A RÉSOUDRE

Le lecteur a maintenant tous les éléments nécessaires pour l'intelligence du procès.

En regard du *fait*, ou de la capitulation, nous avons placé la *loi*.

Pour apprécier si la loi est applicable, et dans quelle mesure elle l'est, il fallait pouvoir suivre, avec le conseil de guerre, l'enchaînement des circonstances qui ont préparé et déterminé la catastrophe.

Le résumé historique qui précède répond à ce besoin.

C'est au conseil de guerre qu'il appartiendra de préciser le caractère et la portée, la gravité ou les circonstances atténuantes, l'innocence, enfin, ou la culpabilité, s'il y a lieu, des actes relevés par l'accusation. Le temps consacré à l'instruction, et les proportions qu'elle a revêtues, sont une garantie qu'aucune des questions à résoudre ne sera omise.

Comme appréciation d'ensemble, voici comment s'exprime M. le général Deligny, l'un des écrivains militaires dont le caractère, la modération et la haute intégrité commandent le plus le respect et la confiance :

« Il ressort de ce que nous avons exposé, que le maré-
« chal Bazaine est demeuré au-dessous de sa tâche mili-
« taire, et que, pénétré du sentiment de son impuissance,
« il s'est dérobé à ses devoirs envers le pays et à ses obli-
« gations envers l'armée dont il avait le commandement,
« en désertant la lutte en rase campagne, et en abandon-
« nant le sort de ses troupes aux hasards d'événements

« dont la marche et l'issue étaient problématiques et qui
« s'accomplissaient loin d'elles. Que, s'apercevant trop
« tard de la fausseté de ses calculs, il a demandé à la poli-
» tique les voies et les moyens de se tirer du mauvais pas
« où il s'était engagé.

« Et qu'enfin, tout entier aux intrigues, préoccupé à la
« fois, et de les faire aboutir et de les dissimuler à son
« armée, il a laissé constamment celle-ci dans l'ignorance
« de sa véritable situation, et l'a conduite à sa perte déjà
« consommée avant qu'elle n'eût conscience de son état. »

Comme examen de détail, pour que le public puisse dis-
cerner, parmi les questions sans nombre qui seront sou-
levées, celles qui ne sont qu'accessoires, et celles dont
l'importance est capitale, il est indispensable de formuler
nettement ces dernières.

Voici ce que la France, Metz et l'armée ont le droit de
demander à la défense :

— « Vous avez pris le commandement de l'armée avec
l'ordre de marcher sur Verdun sans retard ; vous avez
désobéi.

— « Vous étiez informé de la formation de l'armée de
Châlons ; vous aviez annoncé votre marche sur Montmédy,
ce qui a déterminé le mouvement de cette armée ; vous
n'avez pas tenu parole, ce qui a été cause, en grande partie, du désastre de Sedan.

— « Il y aura lieu d'examiner si vous pouviez ou non
continuer votre marche le 16, après la victoire de Rezonville ; mais vous donnez pour explication de votre retraite,
après ce succès, la nécessité de vous réapprovisionner
en vivres et munitions. Comment, si votre intention était
réellement de quitter Metz, vous étiez-vous mis en route
sans vivres ?.....

— « Une dépêche de l'empereur, du 18 août, vous avait
informé que Verdun était bondé d'approvisionnements ;

vous étiez donc sûr d'y trouver ce qui vous faisait défaut à Metz. Comment du reste expliquer cette difficulté d'approvisionner votre armée (pour faire quinze lieues en allant à Verdun, ou vingt-deux en allant à Montmédy), alors que votre armée a pu trouver assez de ressources pour vivre plus de deux mois à Metz ?

— « Vous expliquez les retards de votre départ et de votre concentration sur la rive gauche de la Moselle, par la lenteur du passage de la rivière. Comment, avec les ressources d'une ville telle que Metz, et d'un arsenal aussi important, n'avez-vous pas fait établir dix ponts, vingt ponts, et ouvrir des débouchés en nombre suffisant ?

— « Sans examiner ce qu'il y a eu d'inopportun dans tous ces conseils de guerre, qui semblent n'avoir eu d'autre objet que d'englober les chefs de corps et de services de l'armée dans une responsabilité qui appartenait à vous seul ; comment expliquez-vous l'ignorance où vous avez laissé ceux-ci de la véritable situation ?

Le 26 août, par exemple, après avoir donné tous les ordres pour le départ, et réuni l'armée sur la rive droite, vous motivez votre contre ordre sur l'*opinion* du conseil réuni à la ferme de Grimont ; mais à cette séance, d'après votre propre récit, il n'est pas dit un mot de l'armée de Mac-Mahon. Vous invoquez également à cette séance la pénurie de vivres et de munitions, si bien que deux de vos chefs de corps (Ladmirault et Bourbaki) expriment leur avis en ces termes :

« Il est clair que nous ne pouvons rien faire si nous n'avons pas de munitions. »

Or, quatre jours avant, le 22 août, vous aviez été avisé, par une lettre du chef de service de l'artillerie, le général Soleille, *que toutes vos batteries étaient au complet*, et vous viez retrouvé quatre millions de cartouches à la même date ? Pourquoi ce renseignement n'est-il pas donné au conseil, non plus que celui concernant l'armée de Châlons ?

— « Pourquoi, voulant partir le 31 août, suivant ce que vous prétendez, ne commencez-vous l'attaque que dans l'après-midi ? Si réellement vous aviez voulu, soit le 26, soit le 31 août, agir sérieusement et avec vigueur sur la rive droite de la Moselle, vous n'auriez pas négligé les moyens de concentration rapide qui étaient à votre disposition : établissement de ponts et de débouchés nombreux, mise en marche pendant la nuit des corps de la rive gauche etc.; il est évident qu'une concentration rapide de l'armée vous donnait la certitude d'attaquer l'ennemi avec des forces écrasantes.

— « Pourquoi, le 18 août, n'étiez-vous pas sur le champ de bataille? Pourquoi, le 31 août, êtes-vous rentré à Saint-Julien sans donner d'ordres, sans vous assurer que les positions conquises étaient suffisamment gardées, si bien que le lendemain, grâce à votre éloignement et à l'absence de toute direction, l'armée a battu en retraite, personne ne sachant ce qu'il devait faire, et alors « qu'il eut suffi « d'un coup de clairon pour arrêter ce recul, pour reporter « toutes les troupes en avant? »

— « Puisque vous preniez le parti de rester sous Metz, il fallait au moins tout faire pour *y durer*, et la question des vivres était la première qui s'imposait. « Malheureu-« sement, dites-vous, les autorités civiles et militaires de « Metz n'avaient pas pris de dispositions, quand il en était « temps encore, pour faire rentrer dans son enceinte « toutes les ressources des cantons voisins, et augmenter « ainsi les ressources en prévision d'un long blocus. » — Ces dispositions, c'est vous qui deviez les prendre ou les ordonner. La ville était suffisamment pourvue, puisqu'elle a pu suffire à ses besoins et nourrir votre armée pendant

deux mois et demi. C'est le maintien de cette armée, paralysée, immobilisée sous Metz, qui a déterminé la famine.
Toutes ces considérations, du reste, étaient autant de raisons pour exécuter l'ordre que vous aviez reçu de diriger
l'armée sur Verdun.

— « Pourquoi, contrairement aux prescriptions formelles de l'article 245, avez-vous fait ou laissé publier les
mauvaises nouvelles, de source allemande, rapportées par
M. Debains? Pourquoi, plus tard, avoir accepté, sans con-
trôle ni vérification, les nouvelles fausses apportées par le
général Boyer? Pourquoi avoir fait établir ces plans des
lignes prussiennes dont la force exagérée frappait les yeux
les moins exercés? Pourquoi avoir laissé officiellement
exagérer les effectifs prussiens..... Pourquoi avoir dissimulé
la véritable force des vôtres, au point de n'accuser que
65,000 combattants, alors que les Prussiens ont constaté
173,000 prisonniers? Comment expliquer toutes ces infrac-
tions au règlement, quand, plus que jamais, il fallait soutenir le moral de l'armée, éviter, lui cacher au besoin, tout
ce qui pouvait la décourager.

— « Comment, à la réunion du 12 septembre, avez-vous
déclaré que vous resteriez sous Metz *en attendant des
ordres*! — De quels ordres aviez-vous besoin? Où était le
devoir? Un chef a-t-il besoin d'ordres ou d'instructions
quand l'ennemi est là, qu'il ravage et pille vos villages et
vos villes devant vous, à portée de vos canons!

— « Pourquoi vous êtes-vous isolé de vos troupes?
Pourquoi n'avez-vous jamais passé de revues? Pourquoi
n'avez-vous jamais visité une ambulance, une seule! malgré
les demandes réitérées qui vous ont été faites? Pourquoi
n'avez-vous jamais adressé à votre armée une seule de ces
proclamations que justifiaient si bien les circonstances, et
avec lesquelles tant de généraux ont su électriser leurs
troupes, entretenir ou réveiller leur énergie? Comment

expliquer ce mutisme d'une part, et ces communications décourageantes tolérées, ordonnées de l'autre ?

— « Pourquoi avez-vous fait de la politique au lieu de faire la guerre? Vous ne vouliez pas reconnaître le Gouvernement de la défense nationale? soit; mais cela ne vous affranchissait pas de vos obligations militaires. Se battre contre les Prussiens, au lieu de nouer des intrigues avec eux, débloquer Metz au lieu de laisser détruire l'armée et le champ libre à l'ennemi; sauver la France, ou, tout au moins, défendre son territoire envahi, ce n'était adhérer ni à la République ni à l'émeute. *C'était le devoir absolu.*

Rester inactif pendant deux mois avec l'élite des forces de la France, quand elle avait besoin du concours de tous ses enfants; résister aux supplications de ceux qui voulaient combattre; tromper et décourager ses troupes; cacher la vérité à Metz et à l'armée, et détruire cette dernière moralement et physiquement, de manière à rendre toute résistance non pas impossible, on peut toujours sauver l'honneur, mais sans espoir de succès; puis ce jour-là, livrer à l'ennemi : soldats, drapeaux, canons, forteresse...... *est-ce là ce que vous appelez rester fidèle à son serment et à son devoir.*

— « Vous n'aviez pas, dites-vous, de renseignements ? Vos tentatives pour vous mettre en communication avec le Gouvernement de la défense nationale ont été infruc-tueuses? Vous ne donnez le nom d'aucun de vos émissaires, ou plutôt si, vous en nommez deux, et ces deux-là sont arrivés à Tours; seulement vous les avez envoyés quand tout était perdu.

— « Admettant que vous n'ayez pas été renseigné sur la situation; n'était-ce pas une raison de plus pour vous dégager de toute considération étrangère à vos obligations de commandant d'armée? Dans l'incertitude où vous étiez, en présence du territoire envahi, une seule chose *restait certaine* et constituait votre indiscutable devoir : vous battre, battre les Prussiens, courir sus à l'envahisseur.....

— « Pourquoi, contrairement aux prescriptions formelles du règlement (art. 256) avez-vous entretenu des communications continuelles avec l'ennemi?.....

— « Pourquoi avez-vous reçu le sieur Régnier, et, sur la seule demande de cet homme que vous déclarez vous-même suspect, avez-vous fait ou laissé partir l'un de vos meilleurs généraux? La connivence de l'ennemi dans cette affaire ne devait-elle pas suffire à vous éclairer?.....

— « Comment, *dès le* 23 *septembre,* ayant encore un mois de vivre, pouviez-vous entretenir le sieur Régnier des conditions auxquelles vous consentiriez à capituler?...

— « De quel droit, le 12 octobre, en envoyant le général Boyer à Versailles, écriviez-vous au roi de Prusse : « *La* « *question militaire est jugée,* » alors que Paris devait se défendre trois mois encore après votre capitulation; alors que les armées de la Loire, du Nord, de l'Est, grossissaient, s'organisaient, se fortifiaient chaque jour ?.....

— « Comment, en même temps que vous déclariez « *que le commandant en chef ne pouvait accepter aucune* « *délégation pour signer un traité impliquant des questions* « *étrangères à l'armée, celle-ci devant rester en dehors de* « *toute négociation politique;* » comment donniez-vous votre consentement à une démarche essentiellement poli: tique, telle que l'envoi du général Boyer auprès de l'impératrice; comment proposiez-vous aux Prussiens d'employer l'armée de Metz à soutenir ou à restaurer « *les* « *pouvoirs constitués en vertu de la Constitution de* « *mai* 1870 ? »

— « Pourquoi, décidé à capituler, et connaissant longtemps à l'avance la nécessité où vous vous étiez laissé acculer, n'avez-vous pas fait sauter vos forts, noyer vos poudres, détruire votre matériel et les immenses ressources que vous avez livrées à l'ennemi ?.....

— « Pourquoi n'avez-vous pas fait détruire les drapeaux de l'armée, et avez-vous empêché qu'elle les détruisît elle-même ?.....

— « Pourquoi n'avez-vous pas exigé les honneurs militaires pour votre armée, ou, les ayant obtenus, ne les avez-vous pas fait inscrire dans le texte de la capitulation ?..... »

Telles sont, en en dégageant les faits accessoires, les principales questions auxquelles la défense aura à répondre devant le conseil de guerre de Trianon.

LE MARÉCHAL BAZAINE DOIT-IL ÊTRE LE SEUL RESPONSABLE ?

Il est un principe toujours vrai : *Tel chef, tels soldats.* L'armée de Metz n'aurait pas répondu à l'appel de la patrie, elle aurait montré une défaillance générale, et enlevé à ses chefs tout espoir de la soustraire au sort qui l'a frappée, que ce ne serait pas une excuse pour le commandement. Mais il s'en faut que cette circonstance atténuante puisse être invoquée. A Metz, comme à Paris, on ne demandait qu'à se battre. Jusqu'au dernier moment, jusqu'au jour de la capitulation, on pourrait citer des régiments qui, après bien des souffrances, étaient prêts à suivre leurs colonels sur les lignes prussiennes et le leur demandaient. La résistance, le désespoir des officiers lorsque la vérité fut connue, le rôle de M. Changarnier vis-à-vis du général Clinchant, en disent assez à cet égard.

Constatons que tout a été fait pour éteindre cette ardeur, pour comprimer la résistance et les protestations de ceux qui refusaient de capituler. Constatons que l'ordre a été donné *de surveiller* ceux qui étaient soupçonnés de vouloir se soustraire à la capitulation ; et qu'il s'est rencontré des chefs qui n'ont pas craint de faire la besogne des Prussiens, en arrêtant, en cherchant à entraver ceux qui, à leurs risques et périls, se sont évadés à travers les lignes de l'ennemi. On cite le nom d'un maréchal qui s'est refusé à de pareils procédés ; honneur à celui-là ! mais les autres...

Ce n'est donc pas l'armée qui a fait défaut à son chef ; la précaution qui a été prise de la désarmer avant de lui révéler la vérité ; le refus des « honneurs militaires, » qui auraient laissé des armes dans ses mains, prouvent assez la crainte que l'on avait qu'elle n'en fît usage au dernier moment, plutôt que de se résigner à l'abominable sort qu'on lui avait ménagé. De son côté, la ville de Metz n'a cessé d'affirmer son patriotisme, sa volonté de rester française, et il n'est pas de sacrifices qu'elle n'ait fait, de souffrances auxquelles elle ne fût résignée, pour seconder la résistance et les efforts de l'armée.

Elle n'a cessé de protester contre l'inaction dans laquelle on maintenait cette armée, et de demander son départ, comprenant trop bien, hélas ! le sort qui l'attendait, le jour où les approvisionnements seraient épuisés.

Les journaux messins, bravant la censure et les rigueurs du général Coffinières, s'élevèrent contre la conduite du commandant de l'armée, contre les menées politiques auxquelles il se livrait. Pas un journal n'osa prendre sa défense ; ce fait caractéristique suffit pour indiquer l'unanimité de l'opinion publique, dont le Conseil municipal fut le constant et fidèle organe auprès du général en chef.

4.

Ni l'armée, ni la ville de Metz, n'ont donc fait défaut au maréchal Bazaine. C'est ailleurs qu'il faut chercher les arguments qui seront employés pour justifier ou atténuer sa responsabilité dans le désastre de Metz.

*
* *

On a dit que le maréchal Bazaine s'était efforcé d'associer à sa fortune les chefs de corps placés sous ses ordres, comme si sa responsabilité de commandant en chef pouvait être diminuée de la part qu'ils ont volontairement endossée.

Quand on lit le plaidoyer du maréchal, ce qui fixe l'attention, en effet, c'est le soin qu'il apporte à établir que, dans tous les conseils de guerre tenus au cours de la campagne, *les commandants de corps d'armée se sont rangés à son avis, aussi bien pour ne tenter aucun effort, que pour la capitulation définitive.*

Cette affirmation est certainement fondée.

« La responsabilité du dénouement, a dit le général « Deligny (que nous ne saurions assez citer), remonte « tout entière au général en chef, et, quelques efforts « qu'il puissse faire pour en alléger le poids et le faire « partager à ses lieutenants, qu'il réunissait en conseil « sous sa présidence, il ne réussira jamais à s'y sous- « traire.

« *Ceux-ci ne sauraient davantage s'exonérer des torts* « *qu'ils ont eus envers l'armée.....* »

Les membres du conseil de guerre l'ont bien compris, aussi les uns, comme le général Frossard, ont déclaré *« qu'ils avaient été indignement trompés, notamment dans l'affaire des drapeaux !* » Les autres, comme le général Coffinières, ont cherché à démontrer que le « conseil de guerre de l'armée » n'ayant pas une existence légale, n'étant pas prévu par les règlements, la responsabilité de ses membres n'était pas engagée.

« Le général en chef, dit M. Coffinières, peut consulter « ses lieutenants, soit isolément, soit réunis, *mais ce con-* « *seil n'a qu'une autorité morale*, qui ne lie en rien l'auto- « rité supérieure. »

A cela on répondra qu'en pareil cas, ceux qui sont consultés sont d'autant plus coupables de ne pas se pro- noncer pour l'accomplissement du devoir, que, leur res- ponsabilité n'étant pas en jeu, ils ont toute liberté pour appuyer les décisions énergiques, et pour s'opposer à la violation des règlements.

*
* *

Où était le devoir?

Certes, nous sommes disposé à faire la part, aussi large qu'on voudra, aux sentiments de loyauté et de fidélité *désintéressée* qui pouvaient agiter certaines consciences ; mais, l'empereur prisonnier en Allemagne, le prince impé- rial et l'impératrice en Angleterre, le prince Napoléon en Italie, en présence de cette dynastie emportée par ses fautes et dispersée aux quatre vents du ciel, où était le devoir en face de l'ennemi?

Comme l'a dit, avec une grande élévation de pensée, le général Deligny :

« . . . . Le devoir s'était déplacé ; les pensées « devaient se tourner du côté de la patrie envahie.....

« . . . . On se sentait indigné à la seule idée d'un « rôle à jouer de connivence avec l'envahisseur.

« Au surplus, dans toute l'armée, les esprits ne pou- « vaient être accessibles qu'au patriotisme ardent qui

« s'alimente dans la lutte, et qui s'affirme par le sacrifice.
« Ils n'eussent rien compris à cet autre genre de patrio-
« tisme qui ne se définit qu'au moyen de raisonnements
« étayés de subtilités politiques. »

On ne saurait trop méditer ces paroles de l'honorable
général ; un de ses plus illustres devanciers, le général Foy,
n'était pas moins catégorique, lorsqu'il écrivait, il y a un
demi-siècle : « En temps de révolution, le seul parti à
prendre pour les hommes de guerre, c'est celui qui respire
la haine des étrangers. »

Le vrai patriotisme n'a qu'un seul langage pour tous les
temps.

En prêtant la main aux intrigues politiques du maréchal
Bazaine, en approuvant et en autorisant la double mission
du général Boyer à Versailles et à Londres, les membres
du conseil de guerre ont affirmé leur volonté de travailler,
de connivence avec l'ennemi, au rétablissement de l'empire.

En effet, Boyer, le 26 octobre 1870, déclarait à M. Tissot,
ministre de France à Londres, que le maréchal Bazaine
avait proposé au prince Frédéric-Charles et à M. de
Bismark une convention militaire, aux termes de laquelle
l'armée de Metz, moyennant l'engagement de ne pas servir
un certain temps contre la Prusse, devait être libre de se
retirer avec tous les honneurs de la guerre, sur un point
quelconque du territoire français devenu par le fait une
sorte de terrain neutre. Le maréchal restant à la tête de
ses troupes se proposait d'appeler au milieu d'elles le
Corps législatif dissous le 4 septembre, dont le premier
acte aurait été de reconstituer la régence.

Dans ses instructions au général Changarnier, le maréchal Bazaine a renouvelé cette proposition.

Enfin, dans sa première note portée au roi de Prusse
par Boyer, le maréchal Bazaine, parlant du rôle qu'il des-

tine à l'armée de Metz, s'exprime ainsi : « Elle donnerait à la Prusse, par l'effet de cette même action, *une garantie des gages que celle-ci pourrait avoir à réclamer dans le présent;* et elle contribuerait à l'avénement d'un pouvoir régulier et légal, avec lequel les relations de toute nature pourraient être reprises sans secousse et naturellement. »

Et c'est au moment où l'armée de la Loire allait gagner la bataille de Coulmiers, où Paris déployait une énergie admirable, au moment où sur tous les points nos affaires se relevaient, que le maréchal Bazaine offrait aux Prussiens d'employer son armée « à leur garantir les gages qu'il leur conviendrait de réclamer ! »

Pour apprécier ce qu'une pareille conduite avait de criminel, d'anti-patriotique, nous ne pouvons mieux faire que d'emprunter à un auteur allemand le tableau de la situation respective des belligérants, au moment où le maréchal Bazaine poursuivait ces négociations :

« Vers la fin d'octobre, les difficultés s'étaient tellement « augmentées que les Prussiens commençaient déjà à dou- « ter du succès de leur entreprise, et cela d'autant plus « qu'on voyait les efforts gigantesques de la délégation de « Tours pour secourir la capitale. Du sud et de l'ouest « s'avançaient vers Paris de nombreuses légions, sans « doute incomplètement organisées, mais assez bien ar- « mées, et auxquelles les troupes du général de Thann « n'eussent pu barrer le passage; du côté du nord, on « voyait se fortifier tous les jours une armée qui eût infail- « liblement écrasé le prince Albert et le comte saxon de « Lippe. De Dijon et de Besançon, des corps français, par- « faitement conduits, cherchaient également à se rappro- « cher de la capitale et à passer sur le corps de Werder.

« *Jamais, depuis le début de la guerre, la situation ne* « *s'était montrée plus menaçante pour l'armée qui cernait* « *Paris.*

« Grâce à la capitulation de Bazaine, l'horizon, si som-
« bre jusqu'alors, s'éclaircit comme par magie ; tout espoir
« pour les Français de forcer les Allemands à lever le siége
« de leur capitale était anéanti.....

(*Défense de Metz*, par le baron Firlks, — chez Bath,
Berlin).

Ou *les notes* remises au général Boyer et au général
Changarnier ont été des *notes secrètes* dont le conseil n'a
pas eu connaissance, ou il a approuvé leur contenu,
comme il a approuvé et autorisé la mission des porteurs.
Quant au caractère criminel de ces propositions, eu égard
à la situation de nos affaires militaires à la fin d'octobre, il
n'est pas discutable.

*
* *

C'est parfaitement à tort que la discipline serait mise
en cause dans l'attitude des conseils de guerre de Metz, et
dans la question de responsabilité qui incombe à leurs
membres. Il est facile de démontrer que, sans sortir des
limites du devoir que la discipline impose, les commandants de corps pouvaient sauver l'armée.

Il y a trois points à considérer dans les événements de
Metz :

— 1º L'abstention de toute tentative sérieuse, de toute
opération active pour venir en aide au pays ;

— 2º La destruction matérielle et morale résultant de
l'immobilisation de l'armée, et de l'inaction où on l'a
tenue, pendant qu'on se livrait à des menées politiques
que la connivence seule de l'ennemi suffisait à condamner ;

— 3º La capitulation, la livraison de nos drapeaux, etc.

Sur le premier point la responsabilité des commandants de corps est évidemment sauvegardée pour la période qui s'étend du 18 août au 5 septembre. Sans doute ils auraient pu, dans les conseils, se prononcer pour ces actes de vigueur que permettait alors l'excellente situation de l'armée, et avec lesquels on rétablit une situation compromise, comme aussi l'on sauve une situation désespérée. Les uns le voulaient, comme nous le verrons plus loin, et on doit leur en tenir compte; ils sont peu nombreux. Les autres ont été timides et défaillants dans le conseil, mais ils peuvent dire, malgré les opinions qu'ils ont émises, qu'ils auraient marché..... s'ils en avaient reçu l'ordre.

En ce qui regarde la destruction matérielle de l'armée à partir du 5 septembre, ils ne peuvent invoquer la discipline comme excuse du concours qu'ils ont prêté aux combinaisons du général en chef.

La discipline n'a d'autre but, d'autre raison d'être, que d'assurer, par tous les moyens possibles jusques et y compris le sacrifice de la vie : l'honneur du drapeau, l'intégrité du territoire, la défense de la patrie.

C'est la discipline qui, à chaque ligne de son code, prescrit à tout officier la conservation des moyens d'action, hommes et matériel, que le pays lui a confiés pour sa défense; à moins que cette défense n'en commande le sacrifice.

Eh bien, nous le demandons, que serait-il arrivé, si, *le 5 septembre, jour où l'ordre a été donné de manger le premier cheval,* un seul des commandants de corps d'armée, avec tout le respect que commandait la subordination, mais aussi avec toute la fermeté qu'exigeait la circonstance, avait tenu au maréchal Bazaine le langage que voici :

« Mon corps d'armée, monsieur le maréchal, me doit
« obéissance pour tout ce que je lui commanderai pour le

« bien du service et l'exécution des règlements (1). Mon
« devoir est le même vis à vis de vous. Je suis prêt à sacri-
« fier, sur votre ordre et sans hésitation, sans discussion,
« jusqu'au dernier des hommes qui me sont confiés pour
« la défense du pays; mais je lui dois compte de mon corps
« d'armée, et vous me donnez l'ordre de le ruiner, de dé-
« truire moi-même ses moyens d'action. Permettez-moi
« de vous demander respectueusement ce que je devien-
« drai quand j'aurai mangé mes chevaux? Que ferons-nous
« sans cavalerie et sans attelages pour nos batteries? Si
« nous ne partons pas immédiatement, coûte que coûte,
« comment le pourrions-nous plus tard? en restant sous
« Metz, nous sommes condamnés fatalement à capituler,
« à la honte, au déshonneur! Dans tous les cas, monsieur
« le maréchal, nous ne sommes pas dans une place fermée ;
« nous aurons donc à rendre compte de la conservation,
« ou de l'emploi que nous aurons fait des forces qui nous
« ont été confiées ; permettez-moi de décliner la respon-
« sabilité de la destruction volontaire de celles que j'ai
« sous mes ordres, en me relevant de mon commande-
« ment. »

Supposons maintenant qu'au premier conseil de guerre
où le maréchal Bazaine a engagé ses chefs de corps dans
ses menées politiques, un seul d'entre eux eût eu le courage de lui dire :

« Monsieur le maréchal, je suis votre subordonné, je
« n'ai donc le droit ni de vous demander, ni de discuter
« vos plans. Mais vous me demandez mon avis. Dès lors,
« si vous conservez seul la responsabilité légale ou régle-
« mentaire de leur exécution, vous m'associez, de fait,

---

(4) C'est la formule même du serment militaire; c'est la formule prononcée devant la troupe quand un officier est reconnu dans son grade.

« à la responsabilité morale de leur adoption ; j'aurai à
« en répondre un jour, pour ma part, devant le pays. Je
« vous demanderai donc la permission de vous faire ob-
« server que, devant l'ennemi, mon devoir me semble être
« de me battre, et non de faire de la politique. C'est à
« chasser l'étranger de notre territoire envahi, et non à
« participer à l'établissement ou au rétablissement d'un
« système politique quelconque que nous devons employer
« notre armée. Agir autrement, agir surtout de concert
« avec l'ennemi, avec l'étranger, il me semble que c'est
« trahir aussi bien l'empereur que la République, car
« c'est trahir la défense du pays, c'est trahir tout le monde.

« Nous n'avons pas de nouvelles, ou celles qui nous sont
« données procèdent de l'ennemi que les règlements mi-
« litaires nous défendent d'écouter, et dont le bon sens
« nous dit de nous défier. Dans cette incertitude, nous
« n'avons qu'un phare pour nous guider, c'est notre devoir
« militaire, devoir qui ne peut nous tromper, qui reste le
« même dans tous les temps et sous tous les régimes.
« *Faisons ce que nous devons et advienne que pourra.* Quel
« que soit le gouvernement actuel de notre pays, ancien
« ou nouveau, de fait ou de droit, provisoire ou définitif,
« accepté ou contesté, notre devoir est de nous battre.
« Pour mon compte, je proteste formellement contre toute
« décision en désaccord avec cette ligne de conduite. »

Certes, nul n'oserait prétendre que la discipline ait rien
à reprendre à ce langage ; eh bien, nous avons la conviction
que, si un seul des membres du conseil de guerre avait eu
le courage de le tenir, l'armée de Metz eût été sauvée ; car
jamais le maréchal Bazaine n'eût osé ce qu'il a fait, ou fait
ce qu'il a osé.

Comme l'a fait très-bien remarquer l'auteur de « *Campagne et Négociations* » cette pression morale qu'il fallait
exercer sur le commandant en chef dans le sens du devoir

et de l'honneur militaire, « les membres du conseil de guerre
« étaient seuls à même de l'exercer, c'était le seul moyen
« pratique qui ne fût pas contraire à la discipline. Leur
« situation leur donnait le droit de parler, ils y étaient
« conviés ; ils avaient le droit de présenter des observations
« si respectueuses qu'on voulût, assez fermes pour arrêter
« les négociations, et demander, comme quelques-uns l'ont
« fait, qu'on tentât d'abord le sort des armes. »

*
* *

Quels ont été les rôles respectifs du maréchal Bazaine,
de ses commandants de corps d'armée, et des divers agents
ou chefs de service qui sont intervenus dans les opérations
essentielles, et ont été appelés à donner leur avis dans les
conseils de guerre ? Voilà ce qu'il importe, et ce qu'il est
facile de connaître en restituant à chacun la part qui lui
revient dans les délibérations. C'est aussi ce que nous ferons, séparément, pour tous ceux qui, à un titre quelconque, ont figuré dans ces conseils ou en ont été les agents.

Nous ne pouvons naturellement nous guider que sur les
procès-verbaux enregistrés dans le plaidoyer du maréchal
Bazaine. A moins que ces documents officiels ne soient al-
térés ou controuvés, — et personne ne s'est inscrit en faux
contre eux, — on doit les accepter.

Les membres du conseil de guerre, a dit le général
Coffinières, n'avaient qu'une autorité morale ! soit, mais à
cette autorité morale correspond évidemment une responsabilité morale. Si le maréchal Bazaine a dit vrai, la loi
peut ne pas les atteindre matériellement comme lui ; mais
ils restent justiciables de l'opinion publique.

Ou le maréchal Bazaine a trompé ses lieutenants, comme
quelques-uns le déclarent, ou il ne leur a rien caché, et

n'a rien fait que d'accord avec eux. Les débats feront la lumière.

Si, comme l'affirme le commandant en chef, dès le 26 août, quand l'armée était encore dans toute sa vitalité, certains chefs ont calomnié leurs troupes, les ont déclarées incapables de prendre l'offensive, incapables de remplir la tâche que le salut du pays imposait à leur patriotisme ; — si, au lieu d'être la sauvegarde de notre honneur et de nos lois militaires, certains membres de ces conseils les ont foulés aux pieds ; — si, au lieu de combattre l'envahisseur, ils ont fait de la politique, et de la politique de compte à demi avec lui ; — s'ils ont tenté d'employer les forces qui leur étaient confiées pour défendre le pays, au profit d'intérêts dynastiques, en envoyant Boyer à Versailles et à Londres ; — s'ils ont eu, enfin, la criminelle pensée d'annihiler la meilleure armée de la France pour la mettre au service de cette politique ; — en un mot, s'ils n'ont pas été trompés, indignement trompés par le commandant en chef, ce ne sont plus les membres irresponsables d'un conseil de guerre que l'opinion publique a devant elle ; c'est un conciliabule de conspirateurs contre le salut du pays, contre l'intégrité de son territoire, contre l'honneur de ses armes.....

Voilà ce que les débats devront éclaircir.

Tout homme qui remplit, à plus forte raison, tout homme qui s'arroge un rôle politique, et exerce, par ce fait même, une action quelconque sur les affaires et les intérêts publics, appartient de plein droit à l'examen, à la discussion.

S'il s'agit d'un homme solidaire d'un acte qui a exercé sur son pays une influence glorieuse ou néfaste ; cet homme ne relève plus seulement de ses contemporains, il appartient aussi à l'histoire ; chacun de ses concitoyens a le droit d'apprécier le rôle qu'il a joué, la part qu'il a prise dans les événements auxquels il a volontairement attaché son nom.

Quand l'ambition, la vanité et l'incapacité peuvent amener une nation à l'affreuse situation qui a été faite à la France; quand on songe qu'elles peuvent déchaîner sur un pays toutes les calamités, verser toutes les hontes et toutes les humiliations que nous avons subies, il faudrait être insensé pour ne pas comprendre qu'il est temps d'introduire ou de fortifier dans le monde politique comme dans le monde militaire, le principe de la responsabilité; — la responsabilité ! cette sentinelle des consciences faibles, qui est la base de toute justice, de toute morale, et que nous retrouvons à chaque pas comme sanction dans la vie civile et dans la vie privée.

*
* *

En ce qui regarde le troisième point à examiner, ou le texte même de la capitulation de Metz, c'est-à-dire : la reddition de notre forteresse intacte, la livraison de nos armes, de notre matériel, etc., etc., nous ne retiendrons que ce qui concerne les drapeaux.

«... Le commandant *décide seul*, dit le règlement (art. 256) de l'époque et des termes de la capitulation. »

La loi est formelle.

Le conseil de guerre n'avait donc pas à déléguer au général Jarras des pouvoirs qui ne lui appartenaient pas, ni à engager sa responsabilité en décernant à ce général le *satisfecit* que l'on sait. Il y a eu dans cette circonstance abdication de la part du commandant en chef, ou usurpation d'attributions de la part des membres du conseil de guerre. Il est inconcevable que les commandants de corps d'armée, et les autres membres de ce conseil, n'aient pas compris qu'en leur laissant violer le règlement, le maréchal

Bazaine ne pouvait avoir d'autre intention que de se dégager, en rejetant sur eux la plus grande part de l'acte qui allait s'accomplir.

Le conseil de guerre, aux termes de la loi, n'est donc pas responsable de l'acte final ou du texte de la capitulation. Mais nous avons dit que nous faisions une réserve en ce qui regarde la livraison des drapeaux; c'est qu'il y a dans ce fait une question qui intéresse par dessus tout l'honneur de nos armes, l'honneur national, et qui doit être résolue, pour l'avenir, de la façon la plus expresse.

Nous sommes bien certain qu'aucun des commandants de corps d'armée ne professe à l'égard de la religion du drapeau, la théorie de M. le maréchal Bazaine ; mais ceux-là n'en sont pas moins coupables, qui lui ont servi d'intermédiaires pour *soustraire* aux régiments de Metz leurs étendards.

Les drapeaux n'appartiennent ni aux commandants en chef, ni aux généraux, ni même à l'armée prise dans son ensemble ; mais chaque drapeau appartient spécialement, exclusivement, au corps dont il porte le numéro, et auquel le pays l'a remis. C'est le colonel, son régiment, — et personne autre, — qui en sont responsables, qui en ont la garde, qui répondent de sa perte devant le pays. Sauf le seul cas de trahison ou de forfaiture de la part d'une troupe, nul n'a autorité pour toucher à son drapeau. Voilà ce qui a été méconnu, voilà la tradition qu'il faut rétablir « à chaux et à sable » pour l'avenir.

Si, comme il l'a prétendu, le maréchal Bazaine avait la ferme intention, *quoiqu'il dût en coûter*, de détruire les drapeaux de Metz, qu'était-il besoin pour cela de les faire réunir par l'artillerie et l'état-major général? Pourquoi ne pas laisser aux corps le soin pieux d'empêcher que ces reliques sacrées ne devinssent la proie de l'ennemi? Avait-il peur, par hasard, que quelque régiment *oubliât* ou omît

volontairement de soustraire l'emblême de son honneur
à la honte suprême d'une capture?

Non, on craignait que l'ennemi n'usât de rigueur et ne
retint *les bagages* en échange ! Aussi a-t-on usé de supercherie à l'égard des colonels ; mais, grâce à Dieu ! il est
plus d'un régiment qui a vu clair, et dont le numéro ne
figure pas parmi les trophées de la Prusse. (1)

Quant aux commandants de corps d'armée, c'est en vain
qu'ils déclareront « *avoir été indignement trompés* » dans
cette affaire (2). En acceptant de se substituer aux véri-
tables responsables, par le dépôt qu'ils ont ordonné au
magasin (!) de l'arsenal ; en ne veillant pas à l'exécution de
la promesse faite aux régiments, *en ne s'assurant pas, par
eux-mêmes*, de la destruction des drapeaux, ils ont fait
preuve d'une indifférence dont ils doivent compte.

En regard de leur coupable légèreté, et des doctrines de
M. le maréchal Bazaine, on ne saurait mieux faire que de
rappeler ici comment, pour leur compte, officiers et soldats
comprennent en France la religion du drapeau .

C'était à Waterloo ! cet autre désastre que Metz devait
dépasser : « Deux drapeaux avaient été perdus sur le
« champ de bataille, au commencement de l'action. Il
« n'en fut perdu aucun autre. Dans la foule de ces ca-
« valiers, de ses fantassins débandés, marchant, courant
« pêle-mêle, les uns encore armés, les autres ayant jeté,
« brisé sabres et fusils, sous l'action de la colère, du dé-
« sespoir, de la terreur, on apercevait, çà et là, à la pâle
« clarté du ciel, de petits groupes d'officiers de tous grades,
« de soldats spontanément serrés autour de l'étendard de
« chaque régiment et s'avançant, sabre en main, baïon-
« nette au fusil, résolus, imperturbables, au milieu du

(1) Sur soixante-seize drapeaux, vingt-trois ont été brûlés.
(2) Voir plus loin une lettre du général Frossard.

« désordre général. *Place au drapeau !* criaient-ils quand
« la cohue arrêtait leur marche, et, presque toujours, ce
« cri suffisait pour que les mêmes hommes qui étaient
« devenus sourds à tout appel du commandement, de la
« discipline, s'écartassent devant eux, leur ouvrant pas-
« sage. Glorieux représentants de l'honneur militaire, ils
« eurent à subir bien des fois, ils repoussèrent toujours
« les attaques de l'ennemi, et sauvèrent ainsi leurs dra-
« peaux vaincus des atteintes du vainqueur.

(*Campagne de* 1815 ; — *Waterloo,* par le colonel Char-
ras.)

IX

LES SIX CONSEILS DE GUERRE DE METZ

CANROBERT. — LEBŒUF. — FROSSARD. — CHANGARNIER. — SOLEILLE. — LADMIRAULT. — BOURBAKI. — DESVAUX. — COFFINIÈRES. — DE CISSEY. — BOYER. — JARRAS.

« A force de disserter, de tenir des conseils, a dit Na-
« poléon, il arrivera ce qui est arrivé dans tous les siècles,
« en suivant une pareille marche ; c'est qu'*on finit par
« prendre le plus mauvais parti, qui presque toujours, à la
« guerre, est le plus pusillanime, ou, si l'on veut, le plus
« prudent. La vraie sagesse, pour un général, est dans une
« détermination énergique.* »

Le prince Eugène disait que les conseils de guerre ne
sont bons que lorsqu'on veut une excuse pour ne rien
entreprendre. C'est aussi l'avis de Villars.

« Dans les entreprises nécessaires et indispensables, on
« ne consulte point, dit Folard, on prend la résolution de
« la chose même ; après cela on avise aux moyens de l'exé-

« cution ; car qui voudrait s'arrêter à tous les obstacles
« qui se présentent ne ferait ni n'exécuterait jamais rien.
« *C'est le défaut ordinaire des esprits* TROP FINS, quel-
« quefois aussi des esprits lourds et qui sont lents à se
« résoudre. *Malheur à eux s'ils consultent leurs sem-*
« *blables* ! »

Que de vérités dans ces quelques lignes ! ne dirait-on pas
qu'elles ont été écrites tout exprès pour les hommes et les
choses de Metz ; et quelle plus amère satire pourrait-on
faire des nombreux conseils de guerre de l'armée du
Rhin ?

Ces conseils — sans compter la réunion du 17 septembre, la seule à laquelle les généraux de division aient
été convoqués — sont au nombre de six. Ni l'ordre, ni la
méthode ne semblent avoir précisément brillé dans les
séances de Grimont et du Ban-Saint-Martin ; autant du
moins qu'il est permis d'en juger par les procès-verbaux
publiés par le maréchal Bazaine.

A ce propos, nous devons rappeler que le général Coffinières déclare que le procès-verbal de la séance du
10 octobre « *est le seul qui ait été lu et signé.* » (1)

Ceci est affaire à régler entre M. le maréchal Bazaine et
son lieutenant, mais semble venir à l'appui de la remarque
que nous venons de faire. Suivant l'expression de Napoléon, on a, en effet, « beaucoup disserté à Metz ; » quant
aux résultats, ils ont été ce que l'on sait.

Comme nous nous proposons de récapituler séparément
les avis émis par chaque membre, afin de ne pas faire
double emploi, nous allons nous borner à indiquer sommairement les questions traitées, et les résolutions prises
dans chaque séance des conseils de guerre, en les faisant
suivre seulement des observations qui ne pourraient trouver

(1) *Réponse du général Coffinières à ses détracteurs*, Bruxelles, 1871.

place ailleurs. Nous sommes d'autant plus obligés d'en agir ainsi, que, la séance du 18 octobre exceptée, **M.** le maréchal Bazaine n'indique pas si les résolutions sont adoptées à l'unanimité, ni, en cas de divergence d'opinions, à la majorité de combien de voix elles sont prises.

Rappelons que les membres du conseil de guerre normal étaient au nombre de huit : **M.** le maréchal *Bazaine* président;

Membres : **M.** le maréchal *Canrobert* (6ᵉ corps) ; **M.** le maréchal *Lebœuf* (3ᵉ corps) ; **M.** le général *Frossard* (2ᵉ corps) ; **M.** le général de *Ladmirault* (4ᵉ corps); **MM.** les généraux *Bourbaki*, puis plus tard *Desvaux* (Garde); le général commandant le génie et la place de Metz : général *Coffinières ;* le général *Soleille* commandant l'artillerie ; l'intendant militaire *Lebrun.*

MM. les généraux *Changarnier* et de *Cissey* ont assisté aux dernières séances, et **M.** le maréchal Bazaine porte aussi le général de *Fortou* comme ayant assisté à la séance du 28 octobre, sans qu'on puisse deviner à quel titre, et pour quel motif.

*
* *

1ᵉʳ *conseil de guerre tenu à la ferme de Grimont,*
 le **28** *août* **1870.**

Le maréchal expose qu'il a jugé à propos, ce jour-là, de concentrer l'armée sur la rive droite de la Moselle, mais que le mauvais temps a déjoué ses projets (comme si la pluie ne tombait pas pour tout le monde !) et que, « comme il était certain que l'ennemi n'accepterait pas le combat qu'on lui offrait » (c'était bien le cas ou jamais de forcer le passage !)..... les troupes ont été rappelées de leurs positions avancées.

En conséquence, il a réuni les commandants de corps d'armée pour leur demander leur avis.

Le maréchal Bazaine ne dit pas un mot de l'armée de Châlons (1), *ne prononce même pas le nom du maréchal Mac-Mahon* dans cette séance, malgré les dépêches du 18 et 19 août *qu'il a reçues ;* et malgré celles du 19 et du 20 août *qu'il a envoyées*, et dans lesquelles il a prévenu son collègue « qu'il suivra très-probablement la ligne des places du nord pour le rejoindre (2), et qu'il compte se rabattre sur Montmédy. »

En revanche, dans cette même séance du 26 *août*, le maréchal Bazaine parle de ses préoccupations au sujet des munitions, bien qu'il ait reçu, le 22, un rapport du général Soleille le prévenant « *que toutes les batteries de combat et les réserves sont au complet, et que l'infanterie,* tant dans le sac qu'aux parcs de réserve, a de *treize à quatorze millions* de cartouches à brûler. » (Effectif : 80,000 d'infanterie, 90 cartouches dans le sac, 50 à la réserve divisionnaire, 1,300,000 à la réserve générale !)

Le plus curieux, c'est que le général Soleille, qui a fourni cette situation deux jours avant, en demandant qu'on fît connaître à l'armée « qu'elle se trouvait aussi largement approvisionnée qu'au début de la guerre, » *le général Soleille ne proteste pas contre cette tromperie !*

Il faut que ceux de nos lecteurs qui ne sont pas au courant de ces questions, sachent bien qu'en ce qui regardait l'artillerie, nos 85 batteries, avec leurs deux approvisionnements complets, avaient : les pièces de 4 quelque

(1) Voir son livre *L'Armée du Rhin,* p. 86 à 91.
(2) C'est cette dernière dépêche qui a été cause du mouvement sur Sedan..... et de la perte de l'armée de Châlons.

chose comme 170,000 coups à tirer, et les pièces de 12 de
50 à 55,000 coups !

Comme il était moins facile de se ravitailler à Rastadt ou
à Mayence qu'à Metz, il est probable que les Prussiens
étaient infiniment plus pauvres que nous en munitions.

Le conseil de guerre du 26 août émet l'avis qu'il faut
rester sous Metz et ne pas essayer de forcer le passage
puisque les munitions font défaut, et que, suivant la déclaration du général Coffinières : « *il ne pourrait tenir plus de
15 jours dans Metz sans la protection de l'armée !* »

*
* *

*Réunion des chefs de corps et des généraux de division
le 17 septembre.*

Cette réunion n'est pas en réalité un conseil de guerre.
Le maréchal Bazaine se borne à donner les renseignements
qui lui sont parvenus sur le désastre de Sedan.

« Il fit lui-même lecture de ces renseignements, a écrit
« le général Deligny, puis, il exprima en quelques paroles
« prononcées sans assurance, et comme incidemment, sa
« volonté de rester dans le *statu quo.* « Messieurs, dit-il,
« vous comprenez bien que je ne veux pas m'exposer à
« subir le sort de Mac-Mahon ; conséquemment, nous
« n'entreprendrons plus désormais de grandes sorties ;
« chacun de vous se chargera de faire de petites opérations
« de détail en avant de son front, afin de tenir la troupe
« en éveil, et de montrer à l'ennemi que nous ne sommes
« pas morts. Je ne puis être partout, je m'en rapporte aux
« commandants de corps d'armée ; je les laisserai juges de

« l'opportunité d'ordonner ces sortes d'opérations. Nous
« attendrons ainsi les ordres du gouvernement. »

Certes, il était impossible de se débarrasser plus les-
tement de la responsabilité. On voit d'ici cette armée où
chacun va faire la guerre pour son compte..... ou ne rien
faire, à son choix !

Ne rien faire, et attendre des ordres ! il était pourtant
bien évident que si l'armée de Metz, la meilleure de la
France, ne faisait rien pour aller à la rencontre des armées
qui s'organisaient, ce n'était pas ces jeunes armées qui
pouvaient venir à elle et la délivrer !

Quant à attendre les ordres « du gouvernement, » de
quel gouvernement la maréchal voulait-il parler?

« La question était assez grave, dit le général Deligny,
« pour qu'on songeât, à part soi, à se la poser.

« La logique et le bon sens démontrent, à défaut de
« preuves matérielles, que ce n'était pas du Gouvernement
« de la Défense nationale que le maréchal attendait des or-
« dres, *car il demeure avéré, que non-seulement il ne fit*
« *rien pour entrer en rapport avec lui, mais que, tout au*
« *contraire, il s'efforça constamment de s'en isoler.* »

2e CONSEIL DE GUERRE TENU LE 10 OCTOBRE

M. le maréchal Bazaine estime que « le moment ap-
proche où l'armée du Rhin se trouvera dans la situation la
plus difficile peut-être qu'ait jamais dû subir une armée
française »

Le 7 octobre, il écrit aux commandants de corps d'armée et chefs de services dans ce sens; les prévient que les

vivres commencent à manquer, etc., etc. ; et leur demande leur avis, sous forme de rapport, sur la situation.

Le 10 octobre, réunion pour la lecture de ces rapports. La discussion est fort embrouillée telle que la présente le livre de M. le maréchal Bazaine. Ce qui s'en dégage sous forme de résolution, *c'est qu'on ne tentera pas le sort des armes*, malgré l'avis du général Coffinières, *qui est écarté à la majorité* (le maréchal ne dit pas de combien de voix). A l'unanimité, « on décide que l'on tiendra le plus longtemps possible sous Metz; on ne fera plus de petites opérations contre l'ennemi ; on engagera des pourparlers pour une capitulation (on dit convention!) honorable ; et enfin, si on ne l'obtient pas, on tentera de se frayer un passage les armes à la main. »

Ceci, signé de tout le monde, y compris l'intendant que cela ne regarde guère, et qui certes n'en peut mais.

M. Boyer est envoyé *à Versailles* par le maréchal, sur, ou sans l'avis du conseil, et c'est ici que commencent *les négociations politiques* et la connivence avec les Prussiens,

M. Boyer est *muni d'une note* du maréchal qui, bien que sans nouvelles aucunes de l'extérieur, sait pourtant, *à l'avance*, ce que Boyer confirmera de la belle manière que l'on verra à son retour, savoir : « Que la société est menacée par un parti violent (celui qui défend le pays!) dont les tendances ne sauraient aboutir à une solution *que cherchent les bons esprits ;*..... que la question militaire est jugée et les armées allemandes victorieuses..... etc., etc..... » Et qu'en conséquence « l'armée de Metz encore toute constituée, ayant bon moral, » peut servir, sans préjudice du reste, « *à donner à la Prusse une garantie des gages qu'elle pourrait avoir à réclamer dans le présent, etc., etc.*

Il faut avoir soin de noter que, dans le conseil du 10 octobre, en décidant d'engager des pourparlers pour une convention *militaire*, il n'a pas été dit un mot de négociations *politiques*, pas plus que de la note emportée par M. Boyer.

Il est à croire que, *jusqu'à ce moment*, les membres du conseil, sauf quelques-uns peut-être, ignorent ces intrigues. Le procès-verbal de la séance du 10 octobre ne contient rien, du moins, qui indique qu'ils y soient initiés ou consentants.

***

3e CONSEIL DE GUERRE TENU LE 18 OCTOBRE

M. Boyer revient le 17.

Le conseil se réunit le 18 pour l'entendre, avec adjonction de M. le général Changarnier.

M. Boyer confirme pleinement ce que, *sans nouvelles*, M. le maréchal Bazaine *avait deviné d'instinct*, savoir : Que la France est plongée dans l'anarchie, que Rouen et le Havre demandent des garnisons prussiennes... que l'Italie redemande Nice et la Savoie..... que la Défense nationale est en complet désarroi, et ses ombres d'armées en pleine déroute..... M. le maréchal Bazaine — il suffit de relire *sa note* — avait deviné tout cela. La France n'a donc plus qu'à courber la tête ; la Prusse veut que l'armée de Metz *déclare* qu'elle est l'armée de l'empire et non l'armée du pays ; la Prusse veut que l'armée de Metz *restaure* l'empire et la régence ;..... rien de plus simple : déclarons et restaurons.

A la majorité de *six* voix sur *huit*, le conseil de guerre décide que M. Boyer sera envoyé en Angleterre, auprès de l'Impératrice, pour traiter l'affaire avec S. M., et M. Boyer part.....

Et **M**. Boyer ne revient plus !.....

A partir du conseil de guerre du 18 octobre, la complicité de ses membres, dans les intrigues politiques du maréchal, de connivence avec l'ennemi, est patente, indiscutable.

* *
*

4e CONSEIL DE GUERRE TENU LE 24 OCTOBRE

Le 24 octobre, le prince Frédéric-Charles estime que l'armée de Metz a mangé son dernier morceau de pain. Le tour est joué. Il écrit à **M**. le maréchal Bazaine que les *négociations politiques* n'ont pas abouti ; il le rappelle en quelque sorte à la pudeur, lui, le Prussien, l'étranger, en lui disant que « l'avenir de la cause de l'empereur n'étant nullement assuré par l'attitude de la nation et de l'armée française, il est impossible au roi *de se prêter* à des négociations dont Sa Majesté prussienne seule aurait à faire accepter les résultats à la nation française. » (Quelle honte !)..... et qu'en conséquence, il n'y a plus qu'à capituler !

Le conseil de guerre se réunit afin d'entendre la lecture de cette lettre ; et décide « pour être édifié (le mot y est) sur les intentions du prince, que **M**. Changarnier sera envoyé au quartier-général Prussien.

Comme à Boyer, **M**. le maréchal Bazaine remet aussi *une note* à **M**. Changarnier : « Il demande la neutralisation « de l'armée,..... il renouvelle sa proposition d'employer « l'armée de Metz *à reconstituer les pouvoirs établis par* « *la Constitution de mai* 1870 » pour traiter de la paix ntre les deux puissances (au moment où la France lutte à Paris, lutte au nord, au centre, à l'ouest, à l'est, au moment où le pays lutte partout!)..... Enfin, **M.** Bazaine demande (si l'on ne veut pas de lui pour « restaurateur d'empires ») que l'armée de Metz soit envoyée en Algérie. — C'est bien tout.

M. Changarnier n'obtient rien.....

M. de Cissey est envoyé à son tour; il n'obtient rien..... « Il faut que Metz et l'armée capitulent! » Telle est la seule réponse du prince Frédéric-Charles.

*
* *

5e CONSEIL DE GUERRE TENU LE 26 OCTOBRE

Le 26 octobre, le conseil se réunit pour entendre **MM.** Changarnier et de Cissey; et il est décidé que **M.** Jarras, chef d'état-major de l'armée, sera envoyé au quartier-général allemand, pour traiter des conditions définitives de la capitulation que l'on s'obstine puérilement à qualifier de « convention militaire. » Oui, si l'on entend par là que tout ce qui *conviendra* aux Prussiens va leur être livré !

*
* *

6e ET DERNIER CONSEIL DE GUERRE TENU LE 28 OCTOBRE

Réunion du conseil pour entendre la lecture du protocole, et l'approuver « ainsi que la façon, aussi satisfaisante que le permettait la situation de l'armée, dont **M.** Jarras a usé de ses pouvoirs. »

Tout est fini.

Voilà où ont abouti ces engagements solennels, pris à la séance du conseil de guerre du 12 octobre, et que **nous** rappelons :

« .... On ne devra conclure qu'une convention mili-
« taire honorable et acceptable par tous.....

« Dans le cas où l'ennemi voudrait imposer des condi-
« tions incompatibles avec notre honneur et le sentiment
« du devoir militaire, on tentera de se frayer un passage
« les armes à la main. ».....

La part maintenant, la part, la part de chacun dans cette abominable histoire !

Suum cuique.....

M. LE MARÉCHAL LEBOEUF

Un seul mot résume le compte de **M.** le maréchal Lebœuf avec le pays : « Mon rôle n'est pas de faire de la politique, a-t-il dit au Corps législatif, *mon rôle de ministre de la guerre est d'être prêt, et je suis prêt.* » On a pu juger comment il l'était.

Non, on n'était pas prêt : armée insuffisante, garde mobile incomplète et non préparée; à **Metz**, les fortifications inachevées; dans les magasins de la place, ni vivres, ni munitions, ni effets de campement;..... notre artillerie inférieure en quantité et en qualité à celle de l'ennemi ; services administratifs, service militaire des chemins de fer, etc., etc., mal organisés;... en un mot, partout l'insuffisance, le désordre, et la confusion; voilà le bilan du

ministre de la guerre qui a *préparé* la campagne de 1870, et qui l'a laissée entreprendre sans dire la vérité au Corps législatif.

« Non, on n'était pas prêt! le maréchal Lebœuf n'a pas compris l'immense responsabilité qu'il assumait; il n'a rien vu par lui-même, ou il s'est laissé tromper par ses directeurs de services : les généraux *Castelnau, Hartung, et Wolf* qui devaient l'éclairer sur les effectifs de l'armée en général, et sur la situation réelle de la garde mobile. Le général *Lefort*, directeur de la cavalerie, était seul en mesure; l'arme dont il avait la responsabilité comme organisation et nombre, ne laissait rien à désirer; jamais armée ne s'est mise en campagne avec une cavalerie aussi nombreuse, aussi bien montée. Si ses chefs n'ont pas su l'employer, la faute n'en est pas au directeur de l'arme. Nous ne dirons rien du général *Susanne*, le directeur de l'artillerie, ni du général *Dejean*, le directeur du génie : l'état des fortifications de Metz au début et l'insuffisance des munitions après un seul mois de campagne, indiquent assez quels auxiliaires intelligents ou actifs ils ont été. L'armée n'oubliera jamais non plus ce qu'elle a dû de misère et de souffrances à la déplorable organisation des services administratifs. Leur directeur, M. l'intendant Blondeau a prétendu se justifier devant la commission de l'Assemblée. Il aurait averti, il aurait prévenu avec insistance, on ne l'a pas écouté. En pareil cas, on se retire ou la responsabilité reste. L'histoire du million que lui a disputé le ministre est peut-être fort spirituelle, mais il faut autre chose qu'une calembredaine pour excuser le directeur de l'administration et l'intendance.

Au reste, nous ne voulons examiner ici ni comment la guerre a été préparée, ni comment elle a été déclarée. Un volume n'y suffirait pas. Ce que nous voulions établir seulement, pour être impartial, c'est que M. le maréchal Lebœuf a été mal secondé par les bureaux de son ministère. Quant à lui, il ne pourra jamais démontrer qu'il a été prévoyant; car, à sa culpabilité, il ajouterait une preuve de plus de son incapacité.

A l'armée du Rhin, comme major-général, il garde la responsabilité de l'ordre de bataille éparpillé, décousu, qui nous a valu nos premières défaites. Dans le conseil de guerre tenu le 26 août à la ferme de Grimont, il s'est plaint de n'avoir été ni consulté ni écouté. Il fallait alors résigner des fonctions qui lui imposaient l'exécution de mesures et de dispositions qu'il déclarait dangereuses; c'était le seul moyen d'avoir le droit d'en décliner aujourd'hui la responsabilité (1).

« Le major-général, dit le général Frossard (à propos
« du combat de Spikeren), ne se trompait pas quant à l'at-
« taque qu'il anonçait pour le 6; mais, puisqu'on s'y at-
« tendait, pourquoi n'a-t-on pas en même temps donné
« ordre au maréchal Bazaine de faire une concentration
« immédiate de ses corps d'armée, tout au moins du 3e
« et du 2e? »

Le maréchal Lebœuf n'a rien à répondre à cette observation. Si Frossard a été battu parce que Bazaine ne l'a pas secouru, et Mac-Mahon parce que De Failly lui a fait défaut, c'est aux dispositions prises par l'état-major général, c'est à la dissémination des corps d'armée qu'il faut l'attribuer.

Si, comme on l'a prétendu, les rivalités, les ambitions des généraux, leur désir d'avoir des commandements dis-

---

(1) Dans son discours à l'Assemblée. M. Changarnier a dit que M. Lebœuf fut *le seul* qui se prononça pour marcher et faire une trouée. Nous le croyons volontiers, et ce serait d'accord avec l'attitude générale de M. Lebœuf à Metz, mais Bazaine (p. 91) n'en dit rien, et M. Changarnier n'assistait pas au conseil du 26.

tincts, ont fait renoncer à la formation des deux armées de force variable et s'appuyant l'une sur l'autre, arrêtée en principe par le maréchal Niel en 1867, c'était au ministre de la guerre, au maréchal Lebœuf, qu'il appartenait de faire justice de prétentions aussi préjudiciables à la bonne conduite des opérations.

Le maréchal Lebœuf, après la nomination du maréchal Bazaine au commandement en chef et la mort du général Decaen, a pris le commandement du 3e corps, et l'a conservé jusqu'à la capitulation.

Il est juste de reconnaître que, dans ces nouvelles fonctions, il a racheté, par son énergie et sa vigueur dans les conseils et sur le champ de bataille, les fautes du chef d'état-major. L'intrépidité avec laquelle il s'est exposé a pu faire croire parfois qu'il cherchait à se faire tuer, et le général eût fait oublier le ministre..... si le ministre pouvait être oublié.

Le maréchal Lebœuf n'a jamais douté de ses troupes, ni de ses officiers; il leur a constammment rendu justice.

Le 21 août, quand certains de ses collègues prétendaient que leurs soldats étaient découragés, il écrivait au maréchal Bazaine :

« L'état moral est excellent, surtout chez le soldat : les « officiers, très-dévoués et très-braves au feu, sont natu- « rellement un peu enclins à la critique, mais sans ai- « greur, chacun d'eux ayant son plan de campagne. »

Cette dernière remarque, dans sa bonhomie, peint le maréchal Lebœuf et son caractère bienveillant. Mais il aurait dû tirer un enseignement de la situation d'esprit qu'il accusait chez les officiers, et comprendre que, si « chacun avait son plan, » c'est que le commandement n'en avait pas du tout.

Au conseil de guerre du 26 août, le maréchal Lebœuf (d'après M. Bazaine) a été d'avis de rester sous Metz,

comme ses collègues. C'est une faute d'autant moins expli-
cable de sa part, qu'il avait rendu compte, dans le rapport
cité plus haut, que les approvisionnements de son artillerie avaient été complétés, et que le motif pour ne rien entreprendre, invoqué par M. Bazaine, était faux.

Le 9 *octobre*, dans un autre rapport qu'il adresse à
M. Bazaine (comme tous les autres chefs de corps), le maréchal Lebœuf se prononce nettement :

« Les généraux du 3ᵉ corps et moi, nous sommes d'avis
« que l'on doit tenter encore la fortune des armes. Le mo-
« ral des officiers et celui des soldats sont à la hauteur des
« circonstances, et l'on peut demander à l'armée un nou-
« vel et grand effort..... »

Ainsi, le 9 octobre, le maréchal Lebœuf, comme le général Ladmirault, ne prononce pas le mot de capitulation,
tandis que les autres commandants de corps d'armée :
MM. Canrobert, Desvaux et Coffinières, *en acceptent déjà*
l'idée. Et ceci est à noter, parce que, au conseil de guerre
du lendemain 10 octobre, le maréchal Bazaine fait donner
lecture des rapports de MM. Canrobert, Desvaux et Coffinières, et ne parle pas de ceux de MM. Lebœuf et Ladmirault (1).

Au conseil du 10 *octobre*, le maréchal Lebœuf, il est vrai,
se range à l'avis général d'entrer en pourparlers pour une
« convention; » mais il ne faut pas oublier que dans cette
séance on a pris l'engagement de se faire jour les armes à
la main, si l'on n'obtient pas des conditions honorables et
acceptables pour tous.

Un point encore à noter, c'est que, tout en faisant dans
son rapport du 9 octobre la part des difficultés de la situa-

---

(1) Voir la séance du conseil du 10 octobre dans le livre de M. Bazaine,
page 170.

tion, le maréchal Lebœuf l'expose sincèrement et sans recoùrir aux exagérations employées par certains autres chefs de corps pour justifier leur opposition à ce qu'on prenne l'offensive ; ainsi M. Lebœuf écrit ceci :

« Jusqu'à présent (9 *octobre*), le soldat ne souffre d'au-
« cune privation ; il a même été mieux nourri qu'en gar-
« nison. Grâce à cette alimentation, à la sollicitude de ses
« chefs et à la prévoyance de l'administration militaire, les
« forces et la santé du soldat se sont maintenues en par-
« fait état ; mais les privations *qui commencent* pourront
« changer bientôt cet état de choses. »

Dans le conseil de guerre du 18 *octobre*, le maréchal Lebœuf persiste dans son opinion qu'il faut essayer de se frayer un passage à travers les lignes prussiennes ; « il ne croit guère au succès, mais néanmoins il est d'avis de tenter ce qu'il appelle une folie glorieuse. »

Il est d'avis de ne pas continuer les négociations, et ne veut pas que le général Boyer aille les poursuivre en Angleterre.

Dans le conseil du 24 *octobre*, il se range à l'avis de la majorité, qui décide que le général Changarnier sera envoyé au quartier-général prussien.

Dans le conseil du 26 *octobre*, il est d'avis que la ville de Metz suive le sort de l'armée, et, malgré la demande de Coffinières, qui déclare que la place avec ses ressources pourrait tenir jusqu'au 5 novembre, il se prononce pour la mise en commun des vivres ; ce qui entraîne la chute immédiate de la place comme de l'armée.

Dans ce même conseil, le maréchal Lebœuf demande que les officiers conservent leur épée. « Dans le cas où l'ennemi n'accorderait cet honneur qu'aux officiers généraux, il serait refusé, attendu qu'il ne peut y avoir de différence entre les maréchaux, les généraux et les autres officiers. »

Cette demande du maréchal Lebœuf procède évidem-

ment d'une pensée généreuse, mais il aurait dû la compléter. En refusant les « honneurs militaires » pour nos malheureux et vaillants soldats, sous je ne sais quel captieux
prétexte, les membres du conseil de guerre ont oublié
qu'ils n'avaient pas le droit de les demander pour eux-
mêmes. Ils devaient briser leur épée, comme l'ont fait les
officiers de l'armée de Sedan, et ne pas stipuler, en leur
propre faveur, un honneur quelconque, *alors qu'ils
n'osaient* pas accepter pour leurs propres troupes ceux que
l'ennemi avait été le premier à proposer, et qui étaient si
bien mérités par elles.

Le maréchal Lebœuf a signé la capitulation avec tous les
autres membres du conseil, à la séance du 28.

En somme, s'il a montré plus de résolution que certains
autres membres, il a fini par céder comme eux, et son opposition n'a pas été assez énergique, ni ses protestations
assez indignées pour les arrêter dans la voie où ils ont
perdu l'armée et déshonoré nos armes.

Il en est de même pour les intrigues avec l'ennemi. Le
maréchal Lebœuf n'a pas fait de politique, et s'en est tenu
à son rôle de soldat. Il est évident que le maréchal Bazaine
s'est caché de lui.

Ainsi le sieur Régnier, cet agent bonapartiste ou prussien, — peut-être l'un et l'autre, — le sieur Régnier raconte que le maréchal Lebœuf étant entré chez Bazaine
pendant qu'il était en conférence avec lui et le maréchal
Canrobert, on a interrompu la conversation, qui n'a été
reprise qu'après le départ de Lebœuf.

Dans les rapports qu'il a fournis, comme au conseil de
guerre, Lebœuf n'a donc pas fait de politique, et il s'est
prononcé contre l'envoi de Boyer en Angleterre près de
l'impératrice. Il semble pourtant, d'un autre côté, avoir
été comme Frossard, très-irrité de ce que Coffinières avait
reconnu à Metz le Gouvernement de la défense nationale.

Une dernière circonstance qui parle encore en faveur du maréchal Lebœuf, c'est que tandis que les Changarnier et autres..... malmenaient les officiers qui voulaient s'évader et refusaient de se soumettre à la capitulation ; « tandis que d'autres chefs, enfin, étaient invités à surveiller de près les généraux sous leurs ordres qui manifestaient des idées de résistance, le maréchal Lebœuf s'est refusé à de pareils procédés. » (1)

« S'il n'a pas été heureux ni capable pendant cette cam-
« pagne — dit l'auteur auquel nous empruntons ces lignes
« — il a du moins été plus brave et plus honnête que ceux
« qui, par lettres confidentielles, venaient dénoncer les of-
« ficiers trop énergiques des troupes placées sous leur
« commandement. »

Nous n'en dirons pas plus sur le maréchal Lebœuf ; malgré ses fautes que nous payons si cher, son courage, sa franchise, son caractère sympathique lui donnent droit à une indulgence qu'on lui refusera d'autant moins que, en se tenant à l'écart, en rentrant dans l'obscurité d'où il n'aurait pas dû sortir, il s'est fait justice lui-même. Que lui demanderait-on de plus aujourd'hui ?

*
* *

LE MARÉCHAL CANROBERT

En ce qui regarde les opérations militaires, le maréchal Canrobert n'a pas varié pendant le blocus de Metz. Singulière aberration chez un homme qui a toujours été regardé, — quel que soit le jugement que l'on porte sur ses actes

(1) *L'Armée de Metz et le maréchal Bazaine*, page 126.

politiques, — comme un des plus braves et des plus brillants soldats de l'armée! Le maréchal Canrobert s'est constamment opposé aux mesures de vigueur, et prononcé, l'un des premiers, pour la capitulation.

Dès le 26 août, au premier conseil de guerre, « il déclare qu'il ne faut pas compromettre l'armée par un mouvement offensif. »

Toutefois, il y met une restriction qui ne permet pas de l'associer au projet machiavélique qui a été prêté à Bazaine. On a accusé ce dernier d'avoir volontairement maintenu son armée dans l'inaction, afin de la ruiner moralement par l'oisiveté.

Canrobert, en se prononçant pour le maintien de l'armée sous Metz, déclarait en même temps que son moral ne pouvait être maintenu qu'à la condition de ne pas rester inerte, « frappons des coups de tous côtés, donnons des coups de griffes partout et incessamment. » Telle était sa conclusion ; mais son conseil n'a pas été suivi.

Dans son rapport en date du 8 octobre, et dans la séance du conseil de guerre du 10, après s'être étendu longuement sur les difficultés d'une tentative de vive force, le maréchal Canrobert expose qu'après en avoir conféré avec lui, *les généraux de division lui ont remis une déclaration écrite et unanime,* dont les conclusions sont que : en raison des forces infiniment supérieures de l'ennemi, des tentatives infructueuses qui ont été faites, de la destruction des chevaux, de l'épuisement des vivres, etc., etc., *il y a lieu de traiter avec l'ennemi pour partir avec armes et bagages, sous la condition de ne pas servir contre la Prusse pendant un temps qui n'excèdera pas un an.* « Dans le cas où les conditions imposées par l'ennemi ne sauraient être acceptées par des gens d'honneur, les généraux de division sont résolus à traverser les lignes prussiennes coûte que coûte. »

Les généraux de division qui avaient pris cet engagement sont : **MM.** *Du Barrail, Bisson, Tixier, Lafont de Villiers, Levassor-Sorval;* cet engagement n'a pas plus été tenu au 6⁰ corps que dans les autres corps de l'armée.

Tout le monde a lu, à ce sujet, la lettre de **M.** le général Bisson, et les amères récriminations qu'il dirige contre le maréchal Canrobert. Malgré la passion et le ressentiment que respire cette lettre, et qui doivent mettre quelque peu en défiance, il faut reconnaître que, *pour son compte du moins*, le général Bisson a montré qu'il n'avait rien négligé pour faire honneur à sa signature. Dès le lendemain de la conférence dont il est parlé plus haut, et jusqu'au dernier jour du blocus, le général Bisson a demandé à faire une trouée, a soumis des plans, et des propositions auxquels on n'a pas même répondu.

Au retour de Boyer de Versailles, le 18 octobre, le maréchal Canrobert s'oppose toujours à une tentative qui sauverait du moins l'honneur des armes; tentative que l'on s'était pourtant engagé à faire au 6⁰ corps si les exigences de l'ennemi n'étaient pas acceptables.

« C'est une évasion et non une sortie à tenter, dit le
« maréchal Canrobert, mais il ne croit pas au succès, on
« sera dispersé et l'on donnera ainsi aux Prussiens l'occa-
« sion de s'énorgueillir de cette victoire qui sera un
« désastre de plus à ajouter à nos revers. »

Le maréchal Canrobert a dû se demander plus d'une fois ce qu'eût été (sinon pour la gloire des Prussiens, du moins pour notre honneur militaire), le désastre *probable* qu'il a redouté, comparé à la honte *certaine* de la capitulation à laquelle il a contribué à condamner l'armée de Metz.

Le 18 octobre, il a voté pour que Boyer fût envoyé auprès de l'impératrice, décision qui a été prise à la majorité de six voix sur huit.

Le maréchal Canrobert, à Metz, n'a pas plus varié au

point de vue politique qu'au point de vue militaire. A ses yeux, les intérêts dynastiques primaient tous les autres. L'armée de Metz, pour lui, était et devait rester l'armée de l'empereur. C'est à la lui conserver qu'il a tout subordonné; c'est ce qui explique l'abstention militaire qu'il a toujours appuyée, et des résolutions qui seraient sans cela inconcevables pour ceux qui connaissent son énergie et son caractère.

Le sieur Régnier a été très-certainement l'instrument, l'agent conscient ou inconscient, des Prussiens. Fort inquiets de cette armée de Metz qui se trouvait sur leurs communications et leurs derrières, ils sentaient bien qu'au cas d'un échec devant Paris, elle les plaçait dans la situation la plus périlleuse. La persistance qu'ils ont mise à revenir à la charge auprès du maréchal Bazaine, pour obtenir qu'il autorisât le sieur Regnier à traiter de la capitulation en son nom, donne la mesure de leurs inquiétudes et prouve assez combien ils la désiraient. Dans leur esprit, comme dans celui de bien des gens dans l'armée française, deux hommes surtout ne devaient pas capituler : Canrobert et Bourbaki. Les Prusssiens en faisant sortir l'un ou l'autre de Metz, espéraient bien avancer leurs affaires. C'est d'accord avec eux, que le sieur Régnier s'est adressé à Canrobert et à Bourbaki pour cette prétendue mission qui n'a été, au fond, qu'une indigne mystification.

Il est évident que le refus des Prussiens *de traiter* avec le gouvernement de la défense nationale n'avait aucune signification sur le terrain exclusivement militaire où l'armée de Metz devait se tenir. Ses généraux n'étaient pas chargés de *traiter de la paix*. Ils n'avaient pas qualité pour cela. Quant à des suspensions d'armes, des armistices, des capitulations (hélas! trop nombreuses), les Prussiens traitaient journellement de ces questions avec le gouvernement et les troupes de la Défense nationale. Si l'on avait réellement voulu, à Metz, se soustraire à cette dernière nécessité, il est évident que c'est aux armes, et non à l'impératrice, qu'il fallait en appeler.

Le maréchal Canrobert ne pouvait s'illusionner à cet égard, mais comblé par l'empereur, il a donné le pas à la reconnaissance sur tout autre sentiment. Il est resté le soldat et le défenseur de l'empire, sans s'apercevoir qu'il cessait d'être le défenseur de son pays, ou plutôt, il est probable que dans son esprit, l'intérêt du pays et l'intérêt dynastique, c'était tout un.

Il s'est donc associé, mais avec des mobiles beaucoup plus désintéressés très-certainement, et avec infiniment plus de droiture, aux vues du maréchal Bazaine, et, si étrange que cela puisse paraître, on lui persuaderait difficilement qu'il n'a pas fait son devoir ou qu'il s'est trompé. Nous n'en voulons pas de meilleure preuve que la lettre suivante, qu'il a adressé de Stuttgard au maréchal Bazaine.

« Monsieur le maréchal,

« Vous étiez notre chef à l'armée du Rhin; l'opinion « publique, sanctionnée par l'empereur, vous avait con- « féré ce redoutable honneur.

« Bien qu'une position très-considérable m'eût été « affectée en dehors de votre armée, je n'hésitai pas à « venir me placer sous vos ordres, sacrifiant toute ques- « tion personnelle ou de susceptibilité au désir bien natu- « rel de combattre pour mon pays.

« A peine la fatalité, qui dans cette guerre néfaste n'a « cessé de suivre toutes les armées de la France, vous « eût-elle réduit après dix batailles ou combats et la mort « de vos chevaux d'artillerie et de cavalerie, à succomber « sous la famine, que de divers côtés, même de votre « armée, s'élevèrent contre vous des accusations, des

« injures monstrueuses, qui s'étendaient parfois jusqu'aux
« commandants des corps d'armée et autres généraux,
« vos subordonnés.

« Le dédain du silence a dû naturellement leur être
« opposé, tant que la voix de la vérité a été étouffée, et
« que les circonstances ne permettaient pas de juger avec
« calme et équité.

« Mais aujourd'hui que les représentants autorisés de
« la nation ont enfin pu se réunir, le devoir, l'honneur
« et la discipline militaire, réclament que notre ancien
« général en chef en appelle hautement à la justice éclairée
« du pays, qui saura bien, elle, dans la majesté de son
« impartialité, rendre à chacun selon ses œuvres.

« Si votre Excellence partage, comme je n'en doute pas,
« ma manière de voir, j'en serai d'autant plus heureux,
« qu'en ce qui me concerne, je ne saurais admettre que
« le silence fût la seule réponse à opposer à toutes les
« attaques qui se sont produites.

« Je vous serai donc reconnaissant, M. le maréchal, de
« m'adresser votre réponse à Stuttgardt où, comme vous
« le savez, je subis depuis trois mois, avec douleur, cette
« navrante captivité, qui prive les plus vieux, les plus
« expérimentés soldats de la France de l'honneur et du
« bonheur de combattre en tête de nos vaillants compa-
« triotes, dans leur terrible lutte contre nos envahisseurs.

« Agréez, etc.

Maréchal CANROBERT,
ex-commandant du 6e corps.

On ne discute pas plus les convictions aveugles que la
foi en matière de religion. M. le maréchal Canrobert aurait du naître il y a un siècle. Malgré son esprit de justice
et de droiture; malgré les sentiments de désintéressement
et d'abnégation dont il a fait preuve en Crimée, sous

Bosquet, comme à Metz sous Bazaine, tous deux ses cadets, le maréchal Canrobert était fait pour être le serviteur d'un Louis XIV ou d'un Louis XV, et non le citoyen et le défenseur d'un pays libre.

Au 2 décembre, comme à Metz, la France a payé cher cet anachronisme.

*
* *

LE GÉNÉRAL DE LADMIRAULT.

M. le général de Ladmirault commandait le 4e corps à l'armée du Rhin.

Le 20 *août*, il écrivait au maréchal Bazaine : « Je regarde comme à peu près intactes les conditions matérielles qui peuvent constituer un corps d'armée..... En somme, je considère le 4e corps comme en mesure de tenter un suprême effort en prenant la résolution de ne faire qu'un usage modéré des munitions. »

Cependant, six jours plus tard, au conseil de guerre de Grimont, M. le général de Ladmirault se prononçait pour que l'armée ne quittât pas Metz, et formulait ainsi son opinion :

« Il est impossible d'entreprendre une affaire de longue « haleine, car à la première, on serait usé faute de muni- « tions. »

Le commandant du 4e corps devait pourtant savoir que l'artillerie et l'infanterie étaient complètement réapprovisionnées. Le général Soleille avait demandé, dans sa lettre du 22 août « que l'armée fut informée qu'elle était, à cette date, complètement pourvue en munitions pour se mettre en marche. » Un commandant de corps d'armée ne pouvait donc l'ignorer, à moins d'ignorer tout ce qui se passait sous son commandement.

Après les affaires de Borny, de Rezonville, et de Saint-Privat (14, 16 et 18 août) il restait encore plus d'un tiers de l'approvisionnement dans les coffres. L'armée ayant remis ses approvisionnements *au complet (c'est exprimé textuellement et en détail, dans la lettre du* 22 *août, du général Soleille)* comment M. de Ladmirault pouvait-il dire qu'on n'avait de munitions que pour une bataille à la date du 26 ? Comment pouvait-il dire qu'il était impossible, d'entreprendre le 26, ce qu'il déclarait possible le 20 août dans des conditions bien moins bonnes ?

Dans son rapport du 9 octobre, M. de Ladmirault, après avoir exposé les difficultés de la situation, s'exprimait ainsi : « Votre Excellence peut-être assurée de trouver « parmi les troupes du 4e corps d'armée le plus énergique « dévouement pour tenter d'accomplir les résolutions su- « prêmes qu'elle jugera convenable de prendre. »

Dans ce rapport, résultat de sa conférence avec ses généraux, M. de Ladmirault n'émettait pas même l'idée que l'armée pût jamais capituler.

Cependant, le lendemain, au conseil de guerre du 10 octobre, le commandant du 4e corps se rangeait à l'avis d'entamer immédiatement des pourparlers avec l'ennemi ; et il n'appuyait pas la proposition de M. Coffinières, de tenter le sort des armes, avant d'ouvrir les négociations.

M. le général de Ladmirault semble ne s'être nullement occupé de politique jusqu'au 18 octobre ; mais à partir du conseil de guerre tenu au retour de Boyer de Versailles, il marche complètement d'accord avec M. Bazaine.

A cette séance, « il déclare que nous serons ramenés, « *que l'on ne saurait compter sur les troupes,* mais qu'il est « prêt avec ses généraux à obéir. » Puis, contre l'avis de Coffinières et de Lebœuf, *il demande la continuation des négociations et l'envoi de Boyer en Angleterre près de l'impératrice.*

M. le général Grenier, l'un des divisionnaires de **M.** de Ladmirault, dans sa brochure : « *La défense de l'armée du Rhin devant ses détracteurs, p.* 35 », parle de l'envoi de Boyer dans des termes qui indiquent une bien grande différence, entre le langage de **M.** de Ladmirault devant ses officiers, et le langage qu'il tenait devant le conseil de guerre.

« Le général Boyer, disait-on (c'est le général Grenier « qui parle), se rend en Argleterre pour obtenir que l'im- « pératrice régente, seul pouvoir reconnu par la Prusse, « accepte ces conditions (1) et traite avec le roi Guillaume. « *Ici, nous, les quatre généraux de division du 4e corps,* « *avons protesté contre ces tendances réactionnaires et nous* « *avons chargé le général de Ladmirault de dire au maré-* « *chal que nous ne serions jamais des prétoriens,* et que le « gouvernement accepté par le pays serait toujours le nôtre. « Et lorsque notre brave et loyal général, *qui partageait si* « *profondément nos sentiments,* rendit compte au maréchal « de cette décision devant le conseil des généraux com- « mandant les corps, il nous dit que tous l'avaient regardé « avec stupéfaction comme un révolutionnaire. »

M. Bazaine, dans son livre, ne dit pas du tout que le général de Ladmirault lui ait fait la commission dont les généraux du 4e corps l'avaient chargé ; ce qui n'est pas, il est vrai, une raison pour qu'elle n'ait pas été faite, bien que le procès-verbal n'en dise rien. Mais si l'on rapproche maintenant le langage de **M.** de Ladmirault à ses officiers, du vote qu'il a émis pour l'envoi de Boyer auprès de l'impératrice, vote si absolument en contradiction avec les *sen-*

---

(1) **La sortie de Metz** *pour rétablir l'ordre*, etc., etc,

timents exprimés par M. de Ladmirault aux divisionnaires du 4ᵉ corps….. on n'y comprend plus rien.

A la séance du conseil du 26 octobre, dans laquelle, après avoir entendu MM. Changarnier et de Cissey, on décide d'envoyer le général Jarras pour arrêter les termes de la capitulation ; M. le général de Ladmirault — toujours d'après le procès-verbal de M. Bazaine — ne signale sa présence que par la demande « de faire rentrer en ville les cavaliers démontés, » demande assez incolore, on en conviendra, pour la circonstance, quand on songe que la capitulation sera signée le lendemain !

Il semble qu'en résumé, malgré ses brillants services sur le champ de bataille, malgré l'autorité et l'indépendance sinon d'action, au moins d'opinion, que lui donnait sa haute position parmi les chefs de l'armée de Metz, M. de Ladmirault, au point de vue militaire, comme au point de vue politique, n'ait su que suivre M. Bazaine partout où celui-ci a voulu le conduire.

Les contradictions qui se rencontrent dans les rapports de M. de Ladmirault, dans les avis qu'il a émis, dans la conduite qu'il a tenue, dans l'influence qu'il a eue sur la regrettable abstention de l'armée, dans l'appui qu'il a donné aux négociations qui l'ont conduite à sa perte ; toutes ces fautes, disons-nous, montrent une fois de plus, combien dans les hautes positions et les situations difficiles, les seules qualités du soldat deviennent insuffisantes lorsqu'elles ne sont pas doublées du caractère.

M. de Ladmirault s'est montré à Metz ce que nous l'avons retrouvé sur un autre terrain : l'homme du pouvoir quand même. Agissant, reculant, pensant, se déjugeant ou se contredisant suivant l'impulsion reçue. Cette abdication de toute indépendance, de toute initiative, de toute personnalité, n'est plus la discipline, c'est-à-dire le devoir, mais l'effacement, c'est-à-dire la faiblesse.

Comme militaire, le général de Ladmirault inspirait une grande confiance aux Messins. *Il marchait au canon,* comme on disait.

Au milieu du désespoir raisonné, de l'agonie consciente qui torturaient la ville de Metz, pendant les cruelles journées qui précédèrent la capitulation, les patriotes cherchèrent un sauveur à tout prix. Chaque jour, chaque heure qui s'écoulait montrait aux moins prévenus que tout était perdu dans les mains du maréchal Bazaine. On s'était demandé par qui l'on pourrait le remplacer. Plusieurs noms avaient été mis en avant, celui de M. de Ladmirault était du nombre.

Le maréchal Bazaine était instruit, comme on va le voir, de ce qui se passait en ville ; l'épisode suivant, emprunté à la « *Publication du conseil municipal de Metz,* » nous dispensera de rien ajouter quant à l'attitude de M. de Ladmirault, et aussi, quant à la complète solidarité qui a existé entre lui et le maréchal Bazaine.

« Le 15 octobre, le maréchal manda au Ban-Saint-
« Martin, sa résidence habituelle, les chefs de bataillon de
« la garde nationale. *Les premiers mots qu'il leur adressa*
« *furent que si l'on trouvait mauvaise sa manière de com-*
« *mander, on n'avait qu'à confier le commandement à un*
« *autre chef,* et qu'il obéirait à ce nouveau chef ; mais il
« ne désigna personne. »

Survint presque aussitôt le général de Ladmirault, qui dit au maréchal Bazaine « que son respect pour le com-
« mandant en chef et pour la discipline ne lui permettrait
« jamais de s'écarter de son devoir. Le général, en même
« temps, tendit la main au maréchal qui la lui serra avec
« empressement. *Cette scène inattendue surprit beaucoup*
« *les chefs de bataillon de la garde nationale qui se regar-*
« *dèrent comme pour se communiquer leurs impressions.* Le
« général de Ladmirault passait dans la population et dans

« l'armée pour un homme d'une très-grande fermeté et
« on le jugeait capable, au besoin, de prendre le comman-
« dement de l'armée. Sa démarche dans cette circonstance
« produisit sur les commandants de la garde nationale
« l'effet d'une déception.

« *Après cette singulière manifestation* du général Lad-
« mirault, le maréchal Bazaine invita le plus ancien des
« chefs de bataillon, le commandant Pardon, à exposer
« les griefs que l'on pouvait avoir contre lui à Metz. »

Il lui fût répondu ouvertement, franchement, à cœur
ouvert, « qu'on lui supposait l'intention de restaurer le
« régime impérial, soit avec la régence de l'impératrice,
« soit avec le prince impérial, auquel cas lui, Bazaine,
« serait régent ; que l'on se plaignait fortement de
« l'inaction de l'armée qui absorbait d'une façon inquié-
« tante les ressources de la ville ; qu'on soupçonnait le
« maréchal de traiter avec le prince Frédéric-Charles pour
« la reddition de l'armée et de la place ; mais que l'in-
« tention de la garde nationale et de la population était de
« tout souffrir pour conserver à la France son principal
« boulevard ; que, d'un autre côté, sa position de général
« en chef lui permettait d'avoir des nouvelles du Gouver-
« nement de la Défense nationale et de la France, et quel
« cependant on ne faisait rien connaître aux habitants.

« Il fut ajouté que, la situation dans laquelle on se
« trouvait amenant des privations de toutes sortes, il était
« choquant pour les habitants de voir les officiers et les
« soldats quitter leur camp pour venir en ville vider les
« boutiques des marchands, chez lesquels on ne trouvait
« plus de provisions qu'à des prix excessifs. »

Un autre chef de bataillon, M. Meyer, proposa au maréchal « de réunir la garde nationale, et de la passer en
« revue, afin de dissiper les fâcheuses impressions qu'elle
« avait conçues à son égard ; le maréchal eut l'air de con-

« sentir à cette proposition pour la forme, car il se garda
« bien d'en rien faire. »

Répondant alors aux assertions précédentes, le maréchal
« exposa que le commandement en chef de l'armée lui
« avait été confié dans un moment de retraite ; qu'une
« pareille condition était pleine de difficultés et qu'elle lui
« avait fait une situation déplorable ; *qu'il ne pensait pas à*
« *servir le pouvoir impérial tombé par sa propre faute, mais*
« *à servir la France ;* que dans les conseils de généraux il
« n'avait jamais été question d'entrer en arrangement pour
« la reddition de l'armée (1) ; que les relations avec le
« prince Charles consistaient dans l'échange des pri-
« sonniers lorsque le cas se présentait, et rien de plus. »

. . . .

*
* *

LE GÉNÉRAL BOURBAKI

Le général Bourbaki commandait à Metz la garde impériale. Deux mots sont nécessaires pour expliquer l'étrange
épisode auquel son nom est mêlé. Le général Bourbaki n'a
jamais été un homme politique. Sous Louis-Philippe, sa
brillante conduite en Afrique, et l'appui d'un aide de camp
du roi, ancien philhellène, lui ont fait franchir rapidement
les premiers échelons. Nommé général très-jeune, il a
tenu, en Crimée, tout ce que ses débuts avaient promis.

(1) Au moment même où M. Bazaine tenait ce langage, à la date du
15 octobre, Boyer était précisément à Versailles porteur de *la note* que
l'on sait, et, depuis le 23 septembre, date du départ de Bourbaki, les
négociations étaient entamées avec le sieur Régnier, etc......

C'est à lui que l'on doit la victoire d'Inkerman bien que d'autres plus habiles s'en soient ménagé l'honneur.

Sous l'empire, la brillante réputation, et surtout, la popularité de Bourbaki dans l'armée, étaient une force. L'empereur a tenu à se l'attacher. On peut dire que c'est l'empire qui a été à Bourbaki, et non Bourbaki à l'empire. Complétement étranger et inhabile aux intrigues (il l'a bien prouvé par la façon dont il s'est laissé jouer à Metz), Bourbaki aide de camp de l'empereur n'était pas à sa place dans un milieu où il est toujours resté soldat, et rien que soldat ! Mais l'empereur *tenait* à le combler, et la faveur avait été chercher jusque dans sa famille, sa sœur, dont le nom et la modestie ne semblaient guère appelés à figurer au milieu des grands noms et des pauvres sentiments *de l'entourage.* Il n'est pas sans intérêt de faire remarquer qu'au 4 septembre, quand tous ces grands noms avaient déjà bouclé leurs malles, et disparu , Mme Lebreton, la sœur de Bourbaki, restait fidèle à son poste, et *presque seule,* auprès de l'impératrice.

Quant à Bourbaki, la part faite à la reconnaissance, et celle-ci devait être grande dans une âme comme la sienne, je ne crois pas que dans l'armée, personne ait jamais pensé qu'il fût homme à faire passer les intérêts de l'empire ou de l'empereur avant les intérêts et la défense de son pays. Son désespoir quand il s'est vu joué, ses efforts pour rentrer dans Metz, la façon dont il s'est mis à la disposition du Gouvernement de la défense nationale, ne peuvent laisser aucun doute sur son patriotisme.

Il sera toujours bien difficile de savoir le dernier mot de l'intrigue dont le sieur Régnier a été la cheville ouvrière, mais on n'ôtera jamais de l'esprit de beaucoup d'officiers, que le but principal ait été d'éloigner de Metz un général dont l'ardeur et le tempérement n'auraient jamais pu se plier au résultat final que Bazaine poursuivait, dès cette époque, de concert avec les Prussiens.

Que serait-il arrivé, au dernier moment, si Bourbaki avait été à Metz ? la conduite de Leperche, son aide de camp, presque son parent, permet de le supposer. Entouré de l'estime, en possession de la confiance de tous, Bourbaki, désespéré lui-même, aurait-il résisté au désespoir, aux angoisses de ces officiers, de ces soldats qui ne demandaient qu'un chef ? Par son courage, sa fougue, son audace militaire, il réunissait toutes les qualités voulues pour tenter une entreprise héroïque..... il n'eût pas cédé comme Clinchant ; Bourbaki a dans les veines du sang des défenseurs de Missolonghi, il eût immortalisé son nom comme Botzaris et sauvé du moins l'honneur de nos armes !

La supercherie dont Bourbaki a été victime, en l'éloignant de Metz, ne lui a pas permis de jouer ce grand rôle, mais elle l'exonère du moins de la responsabilité. Elle lui a épargné la honte qui suivra éternellement, dans l'histoire, les auteurs de la capitulation.

Bourbaki, au milieu de nos malheurs, méritait cette faveur du sort. Tant qu'il est resté dans Metz, son attitude énergique était un espoir. Au seul conseil auquel il ait assisté, le 26 août, à la ferme de Grimont, il s'est prononcé formellement pour qu'on se fit jour à travers l'armée prussienne. Seulement, tenu dans l'ignorance, par Bazaine, de ce qui concernait Mac-Mahon, il indiquait une direction qu'il eût modifiée sans doute, s'il avait été renseigné sur la situation :

« Mon désir le plus vif, dit le général Bourbaki, eût été
« de faire un trou par Château-Salins et de nous donner
« de l'air ; mais si nous n'avons pas de munitions, il est
« clair que nous ne pouvons rien faire. »

Tels sont les termes dans lesquels le maréchal Bazaine

rend compte, dans son livre, de l'opinion exprimée par Bourbaki au conseil de guerre du 26 août. — Notons en passant que le maréchal est toujours fort laconique quand il s'agit d'avis conseillant l'énergie et l'offensive ; les opinions des commandants de corps qui se sont prononcés contre toute tentative vigoureuse, sont au contraire expliquées très-longuement, très en détail.

L'avis exprimé ici par Bourbaki est à noter, parce qu'il démontre de la façon la plus positive, que Bazaine a caché au conseil, ou tout au moins à certains membres, la situation de l'armée de Mac-Mahon ; la direction de Château-Salins, indiquée par Bourbaki pour l'effort de l'armée de Metz, le prouve ; elle est exactement opposée à celle que suivait l'armée de Châlons.

La question des munitions invoquée par Bourbaki sera, sans doute, éclaircie aux débats. M. Bazaine aura à expliquer pourquoi il a gardé le silence sur le rapport qui lui avait été remis, le 22, par le général Soleille. Il y a eu évidemment accord préalable, entre ce dernier et le maréchal, pour tromper le conseil. Mais nous devons répéter ici, pour Bourbaki, ce que nous avons dit pour Ladmirault. Les approvisionnements, tant des batteries actives que de la réserve, avaient été complétés le 22 ; le général Soleille l'indique expressément dans la situation qu'il a fournie à cette date. Les commandants de corps d'armée devaient donc savoir, le 26, que leurs coffres d'artillerie étaient pleins. Bien qu'il s'agît ici d'un service technique en dehors de leurs attributions, on ne saurait assez déplorer que des commandants de corps d'armée y aient été assez étrangers, pour accepter comme exact que l'armée « *avait des munitions seulement pour une affaire,* » quand, en réalité, elle en possédait plus qu'elle n'en avait consommé pour livrer *les trois batailles* de Borny, de Rezonville et de Saint-Privat (ou d'Amanvilliers).

Les détails que le général Bourbaki a donnés à la commission de l'Assemblée, sur son départ de Metz, sont ceux que tout le monde connaît. C'est aussi, *à peu près*, le récit du maréchal Bazaine.

On a dit à Bourbaki qu'il s'agissait de faire la paix! comme si l'armée de Metz avait qualité pour cela! comme si elle avait à intervenir dans une pareille question!

« On a beaucoup parlé politique dit le maréchal à Bour-
« baki, mais ce n'est pas notre affaire. Je ne vois à cet
« homme (Régnier) aucune qualité pour traiter, (traiter
« de quoi?) mais, enfin, il *y a peut-être quelque petite
« chose à faire.* »

Et, sur cette belle base, le maréchal engage Bourbaki à partir en mission auprès de l'impératrice qui le demande.

Bourbaki accepte, mais en posant des conditions qui suffisent seules pour montrer son incertitude, le trouble de son esprit, le débat qui se livre dans son âme entre la reconnaissance, la fidélité au malheur d'un côté; et de l'autre, la crainte de paraître déserter son devoir de soldat devant l'envahisseur.

1º Il exige un ordre écrit du maréchal; 2º la mise à l'ordre de son départ en mission, *pour un temps limité*; 3º l'engagement que le maréchal *ne fera pas donner* les troupes sous son commandement avant le retour de leur chef; promesse insensée et qui montre quel égarement a envahi tous les esprits! Bourbaki ne songe pas, dans sa préoccupation, dans son angoisse de soldat qui sent qu'on l'arrache à son devoir; Bourbaki ne s'aperçoit pas qu'il n'a pas plus le droit d'exiger une pareille promesse, que Bazaine n'a le droit de la lui faire sans s'exposer à manquer à ce qu'il doit à l'armée tout entière!

A peine en Belgique, Bourbaki apprend la véritable situation; il apprend que la France lutte partout, a outrance, pied à pied; et que les espérances de paix sont un rêve.

« Je me dis — c'est lui qui parle — : il n'y a rien à « faire. Cependant, il me faut aller jusqu'au bout, *Je me* « *rendis à Chislehurst près de l'impératrice qui ne m'avait* « *pas fait demander le moins du monde, contrairement au* « *dire du maréchal.* »

On sait le reste; contrairement aussi au dire du maréchal, les Prussiens refusèrent de laisser rentrer Bourbaki dans Metz.

Nous n'avons pas à parler ici de son rôle aux armées du Nord et de l'Est, dont le Gouvernement de la défense nationale lui a successivement donné le commandement. Mais nous noterons encore, avant de terminer, une phrase de sa déposition devant la commission d'enquête de l'Assemblée : ·

« *La veille de mon départ de Metz,* j'avais vu le général « Changarnier, et il m'avait dit : « *Soyez sans inquiétude,* « *on percera les lignes prussiennes, on s'ouvrira un pas-* « *sage.* »·

Que doit-on conclure de ce propos? M. Changarnier était-il au courant de l'intrigue de Régnier, et parlait-il ainsi pour fixer les irrésolutions de Bourbaki? ou bien n'était-ce qu'une de ces déclarations emphatiques dont M. Changarnier a le secret, était-ce seulement une de ces promesses à la façon de celle qu'il faisait à l'Assemblée de 1848, et qu'il a tenue du reste de la même manière?

Les débats nous le diront.

* *

LE GÉNÉRAL FROSSARD.

Le général Frossard, aide de camp de l'empereur et gouverneur du prince impérial commandait le 2ᵉ corps à l'armée du Rhin.

Il a publié un livre intitulé : « *Rapport sur les opérations du 2ᵉ corps de l'armée du Rhin* : 1ʳᵉ partie depuis la déclaration de guerre jusqu'au blocus de Metz. »

La seconde partie n'a jamais paru, et c'est à regretter. Nous nous proposions de l'étudier. Elle aurait eu, pour le public, un intérêt d'autant plus vif, qu'elle eût apporté des éléments d'appréciation sérieux à la question de la conduite politique et militaire du maréchal Bazaine.

Dans la partie qu'il a publiée, le général Frossard accuse tout le monde. Les généraux Metman et Montaudon qui n'ont pas marché au canon ; le maréchal Bazaine qui n'a pas concentré ses troupes en temps utile ; et le maréchal Lebœuf, major-général, qui n'a pas donné les instructions dans ce sens alors qu'il était prévenu qu'une attaque de l'ennemi était imminente.

C'est aux gens mis en cause par Frossard de se défendre. Mais, il faut bien le dire, si nos ennemis lui donnent raison, les termes de leur jugement sont une dure condamnation pour nos généraux. Voici comment s'exprime la relation de l'état-major allemand à propos du combat de Spickeren :

« ..... D'autre part, il est à noter que la supériorité du
« 2ᵉ corps français eût été beaucoup plus grande encore
« si, au lieu de ce véritable chassé-croisé de trois divisions
« en arrière du champ de bataille (les divisions de Bazaine),
« il avait eu, lui aussi (général Frossard), le concours de

« toutes les forces qui pouvaient l'appuyer en temps et
« lieu. Cette tendance toujours prédominante chez les
« Allemands, à joindre l'adversaire, cet esprit de camara-
« derie, de solidarité des chefs et leur coutume de prendre
« l'initiative en temps opportun *sont toutes choses qui*
« *paraissent ne pas avoir existé au même degré dans l'armée*
« *française.* » (1)

Quelle cruelle condamnation ! et combien elle est mé-
ritée, quand on songe qu'à chacun de nos revers elle trouve
en quelque sorte son application ! Ici c'est Frossard battu
à Spickeren parce que Bazaine ne l'a point secouru ; plus
loin, c'est Mac-Mahon battu à Reischoffen parce que de
Failly ne l'a point appuyé ; ailleurs, ce sera de Failly, qui,
à son tour, sera écrasé parce que Douay ne viendra pas à
son secours.....

Nous avons dit qu'à Spickeren, Frossard *s'était laissé
surprendre*, et, nous en avons donné comme preuve la
perte de son campement. Dans son rapport, M. Frossard
(page 51) se borne à dire que, en battant en retraite,
« plusieurs bataillons n'ayant pu, dans l'obscurité, rejoindre
leurs bivouacs, perdirent leurs effets de campement ; mais
pas un canon ni aucun trophée ne restèrent entre les mains
des Prussiens. »

Il faut un quart d'heure pour lever un bivouac et prendre
les armes. Si M. Frossard n'a pas même eu ce temps à sa
disposition, *c'est qu'il a été surpris*. La relation de l'état-
major allemand dit que ce n'est pas seulement le campement de quelques bataillons, mais le matériel des 1re et
3e division du 2e corps français qui a été pris à Spickeren ;
eh bien, c'est la relation allemande qui dit la vérité, et
M. Frossard se charge lui-même de le prouver.

(1) *La guerre franco-allemande rédigée par la section historique
du grand état-major allemand* p. 368.

En effet, dans son compte-rendu au maréchal, sur la situation matérielle et morale de son corps d'armée à la date du 21 août (Bazaine, page 220), M. Frossard dit : « La « perte la plus sensible a été celle des effets et ustensiles « de campement ; le 6 août, *la plupart des régiments* avaient « été forcés d'abandonner leurs camps, et y avaient laissé « tous ces objets. »

Ceci est un autre aveu que celui du rapport. « Plusieurs bataillons, » et « la plupart des régiments » ne sont pas, que nous sachions, synonymes.

Mais nous avons autre chose à constater, en fait de contradictions, dans les écrits de M. Frossard. Dans ce même compte-rendu, du 21 août, qui lui avait été demandé comme à tous les autres commandants de corps d'armée, M. Frossard a calomnié ses troupes.

Alors que Ladmirault écrivait : « Quant aux conditions morales je pense qu'on peut compter sur le patriotisme et le courage de la grande majorité pour faire face au danger de la situation..... je regarde le 4e corps comme en mesure de tenter un effort suprême..... » (Bazaine, p. 217.)

Alors que Canrobert écrivait : « Le moral des officiers et des généraux présents et celui de la troupe, surtout depuis qu'elle a reçu des munitions et des vivres, m'inspirent une grande confiance. » (Bazaine, p. 218.)

Alors que Bourbaki écrivait : « La garde se trouve dans d'excellentes conditions matérielles, physiques et morales ;..... le moral de nos troupes d'élite est celui qu'on doit attendre d'elles. *Leur plus grand désir est de se mesurer avec l'infanterie prussienne ;* elles ne doutent pas du succès. » (Bazaine, p. 220.)

Alors que le maréchal Lebœuf écrivait : « L'état moral est excellent, surtout chez le soldat ; les officiers, très-dévoués et très-braves au feu, sont naturellement un peu enclins à la critique, mais sans aigreur, etc., etc..... » (Bazaine, p. 222.)

Alors que tous ses collègues rendaient justice à leurs troupes, et avaient pleine confiance en elles, voici ce que M. Frossard écrivait :

« Le moral et la discipline ont subi quelques légères atteintes..... *Les soldats, à la première alerte, sont disposés à regarder derrière eux, sans qu'il y ait assez d'efforts pour les maintenir.* » (Bazaine, p. 221.)

Et c'est ce 2e corps qu'on a encore laissé surprendre le 16 août ! et qui, pourtant, s'est admirablement battu, tout comme le 18 ; ce sont ces troupes, qui, dans ces deux affaires, n'ont pas reculé d'une semelle, qui ont perdu cinq ou six mille hommes, que M. Frossard représente toutes prêtes à tourner le dos à la première alerte !

Le 26 août, cinq jours plus tard, au premier conseil de guerre, M. Frossard ne craindra pas, à l'appui de son opinion contre toute tentative de traverser l'armée prussienne, d'étendre à l'armée française entière, ce qu'il a dit de ses propres troupes : « Il règne dans cette armée une « sorte d'épuisement, pour ne pas dire de découragement, « qu'il est facile de reconnaître. Si l'on se met en marche, « on ne pourra plus compter sur elle après un premier « combat, fût-il heureux. Si la chance des armes était « défavorable, il serait impossible de la maintenir ; ce « serait une armée dissoute..... » (Bazaine, p. 89.)

Voilà comment un général français parlait de ses troupes, parlait de cette armée de Metz, l'élite, *le dessus du panier,* comme on l'a dit si justement, de l'armée française tout entière. Voilà comment il motivait la décision pusillanime qui a paralysé, annihilé notre meilleure armée sous les canons de Metz !

Veut-on savoir maintenant comment, dans son rapport, — oh ! mais son rapport *imprimé* celui-là, — M. Frossard

s'inquiète d'être d'accord avec lui-même, sur la situation
morale de l'armée du Rhin, toujours à cette même date du
20 août ? Lisez page 121 de son livre :

« A la suite de ces trois grandes luttes qu'ils venaient de
« soutenir, quelques jours de repos étaient nécessaires à
« nos soldats avant qu'on put leur faire prendre un rôle
« d'offensive (le 26 août ils se reposaient depuis huit jours).
« Ils s'étaient bien battus, nous devons leur rendre jus-
« tice (ils ne tournaient donc pas le dos) ; ils s'étaient
« montrés dévoués, actifs, obéissants. On a dit, on a écrit
« même (qui *on?* si ce n'est M. Frossard) que parmi eux,
« l'esprit militaire, la discipline avaient reçu des atteintes.
« Nous répondons que, malgré les efforts coupables des
« hommes qui, avant la guerre et depuis longtemps déjà
« excitaient l'armée à l'insubordination, à l'oubli de ses
« devoirs, sa valeur morale n'était pas altérée, les soldats
« n'étaient ni indisciplinés, ni dégénérés (pourquoi avez
« vous dit le contraire au conseil de guerre, et dans vos
« rapports de Metz) ; pas plus que les chefs n'étaient des
« ignorants et des incapables et ne méritaient les re-
« proches qu'on n'a pas épargnés à quelques-uns d'entre
« eux. »

L'appel que M. Frossard a adressé à l'opinion publique,
donnerait à penser qu'il se range parmi les généraux dont
il parle ici. L'histoire lui répondra. Mais M. Frossard a
pensé aussi, et non sans raison, que l'opinion publique lui
renverrait le vieil adage : « Tel chef, tels soldats ». De là,
le jugement qu'il porte, *dans son livre*, sur le *moral* de
l'armée du Rhin, jugement en contradiction si complète
avec ce qu'il disait et écrivait à Metz.

Quant à nous, nous ne croyons pas, nous ne croirons jamais
que le 2e corps ait en rien répondu au tableau qu'en a tracé
M. Frossard à Metz. Cette peinture fût-elle fidèle, nous
avons constaté, par le témoignage unanime des autres chefs

de corps, combien peu M. Frossard avait eu le droit d'étendre son appréciation à toute l'armée.

A en juger par les opinions que M. Frossard a émises dans tous les conseils de guerre, si quelqu'un était démoralisé, dans le 2ᵉ corps, c'était tout simplement son chef.

Toujours et partout, dans ses rapports écrits, comme dans les conseils, M. Frossard a été opposé à tout recours aux armes pour sortir de l'impasse où l'on s'était laissé acculer. Dans son rapport du 9 octobre, il a été jusqu'à faire cette injure aux Messins, de dire que la place ne tiendrait pas *huit jours* après le départ de l'armée ! Coffinières, deux mois avant (et quand les travaux des forts n'étaient pas achevés) avait dit 15 jours.

Le premier, M. Frossard, dans ce même rapport du 9 octobre, a parlé de capitulation, de convention honorable bien entendu, c'est toujours ainsi que l'on s'exprimait. On a vu ce que cela signifiait !

« Nous ne savons pas, est-il dit dans la « *Publication du* « *Conseil municipal de Metz* » à quel moment remonte la « première pensée de capitulation, mais nous tenons de « M. le colonel Humbert, bibliothécaire de l'école d'appli- « cation, que, le 5 octobre, un officier du génie attaché à « l'état-major du général Coffinières, est venu chercher, « pour M. le maréchal Bazaine, à la bibliothèque de l'École, « le volume de l'ouvrage de Thiers où il est question de la « capitulation de Baylen et les relations de la défense et « de la capitulation de Gênes et de Dantzig. *Quelques* « *jours plus tard, M. le général Frossard faisait aussi de-* « *mander ces ouvrages.* »

M. Frossard a voté pour l'envoi de Boyer à Versailles et à Londres. Plus qu'aucun autre général il a fait de la politique à Metz au lieu de se renfermer dans son rôle militaire. Plus qu'aucun autre, il a été opposé à ce que l'armée de Metz se ralliât à la Défense nationale. Ce gouvernement ayant été reconnu dans la place, et l'aigle ayant été enlevée du drapeau de l'Hôtel-de-Ville, M. Frossard, dans la séance du 12 octobre, n'a pas craint de demander que cette aigle *fût rétablie par la force!* en d'autres termes, que cette malheureuse armée qu'il ne voulait pas employer contre les Prussiens, fût employée contre la population! « Je répondis que je ne le ferais que sur un ordre du maréchal, a écrit M. Coffinières. Cet incident n'eût pas d'autre suite. »

Nous avons dit que, dans son livre, M. Frossard accusait tout le monde. Nous avons vu qu'à Metz, auprès de son général en chef, il avait calomnié ses troupes. Nous allons montrer maintenant comment auprès de ses subordonnés, il s'exprimait sur le compte de son général en chef.

Ici, nous le répétons, c'est un devoir de haute équité que nous remplissons. Il est bon, il est juste que le grand responsable de Metz sache comment, en Allemagne, un de ses plus zélés collaborateurs expliquait sa coopération, et dégageait sa responsabilité dans les actes dont lui, maréchal Bazaine, est seul à répondre aujourd'hui devant le conseil de guerre.

Tout le monde sait que, pendant sa captivité, l'armée a été l'objet de menées et d'intrigues très-actives, ayant pour but l'embauchage de nos soldats au profit d'une restauration de l'empire. C'était la continuation du complot de Metz.

Des milliers de protestations s'élevèrent de tous les rangs de l'armée contre cette infamie à laquelle les Prussiens prêtaient ouvertement leur concours. Malgré toutes les entraves apportées à la manifestation de ces sentiments, entraves qui allèrent jusqu'à l'interdiction de l'*Indépendance belge* dans les villes d'Allemagne où les Français étaient internés ; on a pu lire, dans ce journal, les noms de plus de *cinq mille officiers* signataires de ces protestations.

L'une d'elles, envoyée par un groupe d'officiers internés à Bonn, eut le malheur de déplaire à **M. Frossard**. L'ex-commandant du 2ᵉ corps adressa à l'un des signataires, une lettre assez impertinente, en l'invitant à la communiquer à tous. *J'étais un de ceux-là.*

Les réponses ne se firent pas attendre, et **M. Frossard** n'eût pas à se féliciter de la correspondance qu'il s'était si bénévolement créée. Aussi, dans une seconde épitre à l'officier qu'il avait choisi pour intermédiaire, s'empressa-t-il de changer complètement de ton. On pourra juger par les points que **M. Frossard** passe en revue dans cette lettre.... de ce que pouvaient contenir les réponses qu'il s'était attirées :

Cologne, 22 décembre 1870.

Mon cher X***

« Votre lettre m'a fait grand plaisir par l'élévation et la
« loyauté des sentiments qu'elle exprime. J'avais été con-
« trarié d'un paragraphe de l'article de l'*Independance* que
« je trouvais blessant pour les commandants de corps
« d'armée.

« *Je n'ai pas à parler pour les autres*, mais vous pouvez
« être bien certain que celui qui commandait le 2ᵉ corps
« d'armée ne songera jamais à une restauration par les
« armes, contrairement à la volonté de la nation, et qu'il
« ne contribuera pas à porter la guerre civile dans notre
« malheureux pays, après les calamités de l'invasion étran-
« gère.

« *Oui, vous avez raison, on nous a cruellement trompés,*
« *à Metz, par le tableau lamentable qu'on nous a fait de*
« *l'état de la France au retour du général Boyer de Ver-*
« *sailles.*

« *Nous avons été trompés aussi, d'une manière indigne,*
« *au sujet de l'affaire des drapeaux.*

« *Je n'ai pas besoin de vous affirmer que le commandant*
« *de votre corps d'armée a été dupe comme les autres, en*
« *tout et pour tout.*

« Quant à l'observation qui terminait ma lettre d'avant-
« hier, il est évident qu'elle ne s'appliquait, ni aux deux
« ou trois officiers que je connais avantageusement, ni aux
« autres que je ne connais pas du tout parmi les signataires
« de l'article de l'*Indépendance.*

« Recevez, etc.

« Signé : FROSSARD. »

Il n'y a pas à insister sur la valeur de ce document, éma-
nant d'un chef de corps, d'un membre des conseils de
guerre de l'armée de Metz.

Les débats nous apprendront comment M. le maréchal
Bazaine s'y est pris pour *duper* M. Frossard. Mais on conviendra que M. Frossard, s'il a été trompé, y a mis vraiment une singulière bonne volonté.

Quant à l'horreur manifestée par le commandant du 2^e
corps à l'endroit de la guerre civile en présence de l'envahisseur; cette horreur nous toucherait davantage, si, en
présence de ce même envahisseur, M. Frossard n'avait pas
demandé qu'on employât *la force* contre la population de
Metz, pour rétablir l'aigle de l'Hôtel-de-Ville.

« L'incident n'eut pas de suite » nous apprend Coffinières,
c'est heureux : au lieu de cinquante-trois, les Prussiens en
eussent emporté cinquante-quatre.

.*.

LE GÉNÉRAL SOLEILLE

Le général Soleille commandait en chef l'artillerie à l'armée du Rhin.

En toute circonstance, dans tous les conseils de guerre, il s'est prononcé contre les résolutions énergiques; il a voté contre toute tentative de se faire jour à travers l'ennemi. Il a voté pour l'envoi de Boyer à Versailles et à Chislehurst; il a voté la capitulation; en un mot, il a appuyé et voté tout ce qui a conduit fatalement l'armée et la place de Metz au désastre final.

On peut dire que M. le général Soleille s'est montré le type le plus complet de ces généraux effarés, écrasés sous le poids de leurs obligations et de leur responsabilité.

Les termes dans lesquels il a formulé ses avis dans les conseils de guerre n'appartiennent pas à la langue militaire, on n'avait jamais rien entendu de semblable dans la bouche d'un soldat!

Ainsi, dans le conseil de guerre du 26 août (Bazaine p. 87):
« Risquer un combat pour percer les lignes ennemies, dit
« M. Soleille, et entreprendre une marche pour rallier
« Paris, ou tout autre point, ce serait s'exposer à user des
« munitions, à se trouver désarmé au milieu des armées
« prussiennes, *qui s'acharneraient après nous comme une*
« *meute de chiens après un cerf*, et à compromettre le sort
« de l'armée. »

Pauvre et vaillante armée de Metz! se voir comparée à un cerf fuyard! M. Soleille n'oublie qu'une chose dans son poétique tableau, c'est que le cerf même, le plus timide des animaux, a le courage de faire tête aux chiens quand il est aux abois! il ne capitule pas sans se défendre.

Dans le conseil de guerre du 18 octobre, celui où l'on décide d'envoyer Boyer près de l'impératrice, ce n'est plus seulement de la peur que M. Soleille éprouve à la seule pensée d'un recours aux armes, c'est de l'*épouvante*, le mot y est (Bazaine p. 183) :

« Le général Soleille *ne veut pas* de sortie; *rien ne* « *l'épouvante* plus que la pensée des désordres et des consé- « quences du désastre inévitable qui suivra cette tentative. « *Il est convaincu qu'on ne franchira pas même les premières* « *lignes ennemies.* »

C'est à se voiler la face, quand on lit de pareilles preuves de défaillance.

Ces citations suffisent pour apprécier l'état d'esprit et le rôle moral de M. Soleille à Metz.

Mais il est un point capital, sur lequel il aura à fournir les explications les plus catégoriques, car, à notre avis, il ne s'agit rien moins pour lui, que de prendre place à côté de M. Bazaine devant le conseil de guerre.

A la réunion du 26 août, à la ferme de Grimont, M. Bazaine, d'accord évidemment avec M. Soleille, a trompé les membres du conseil de guerre sur la situation des munitions.

Si le procès-verbal de M. Bazaine est exact (voir p. 87) : « Il ne faut pas se dissimuler, a dit M. le général Soleille, « que *l'armée du Rhin n'a de munitions que pour une ba-* « *taille*, et qu'il est impossible de la réapprovisionner « avec les ressources de la place. »

On aurait pu répondre que s'était une raison de plus pour s'éloigner au plus tôt d'une place aussi dépourvue, et pour marcher sur Thionville, Verdun ou Montmédy; mais il y a bien autre chose.

Le 22 août, quatre jours avant la réunion du conseil, M. le général Soleille avait adressé au maréchal Bazaine un rapport ainsi conçu :

« Monsieur le Maréchal, j'ai l'honneur et je suis heureux
« de porter à la connaissance de Votre Excellence les faits
» suivants :

« 1º En ce qui concerne l'artillerie :

« *Toutes les batteries de combat sont complètement réap-*
« *provisionnées;*

« 2º Tous les parcs moins celui du 6ᵉ corps, qui n'a
« jamais rejoint, sont complets ;

« 3º Les batteries (divisionnaires et de réserve) ont ré-
« paré leurs pertes en hommes et en chevaux et sont
« prêtes à marcher ;

« En ce qui concerne l'infanterie :

« 4º L'infanterie doit posséder, d'après les rapports qui
« m'ont été fournis, les 90 cartouches de sac ;

« 5º Les réserves divisionnaires et les parcs de corps
« d'armée portent 50 cartouches par homme environ ;

« 6º Un parc formé à la suite de la réserve générale
« contient, à l'heure qu'il est, trois millions huit cent
« mille cartouches.

Après ce suprême effort l'arsenal de Metz est complètement épuisé.

« A la suite des journées du 16 et du 18, les troupes
« ont pu croire un moment que les munitions leur feraient
« défaut ; pour relever leur moral, je pense qu'il ne serait
« pas inutile que l'armée sût qu'elle est, aujourd'hui,
« 22 août, complètement réapprovisionnée et prête à
« marcher. »

. . . .

Signé : J. SOLEILLE.

Et il faut se garder de croire que la défense de la place,
par suite du ravitaillement de l'armée, ne soit plus assurée. L'arsenal est épuisé, mais en munitions de campagne
seulement ; car M. Soleille termine son rapport, en rendant

compte que Metz possède 540 pièces et mortiers de divers calibres ; un approvisionnement en projectiles *plus que suffisant;* 400,000 kil. de poudre ; 60,000 fusils de différents modèles, et près de sept millions de cartouches !

Ce n'est donc pas au détriment de la défense de la place que l'armée a complété ses approvisionnements de campagne.

Veut-on savoir ce que représentent ces approvisionnements complets ?

Pour l'infanterie, sur le pied de 80,000 fusils c'est d'après la situation :

$$(90 + 50) \times 80,000 + 3,800,000 = 15,000,000.$$

Quinze millions de cartouches à brûler !

Pour l'artillerie, qui comptait 85 batteries ou 510 pièces, *le complet* comprenait deux approvisionnements, l'un à la suite des batteries divisionnaires, le second réparti entre les parcs du corps et le parc de la réserve générale.

L'approvisionnement, pour les pièces de 4, est de 240 coups par pièce, et de 186 seulement pour les pièces de 12.

En calculant sur ces données réglementaires, on arrive à un chiffre de 170 à 180,000 coups pour les pièces de 4, et 50 à 60,000 coups pour les pièces de 12 ; en tout, par conséquent : de 220 à 240 mille coups de canon à tirer, et 15 millions de cartouches à brûler !

Eh bien, c'est après avoir rendu compte officiellement d'une pareille situation, que M. Soleille n'a pas craint de dire, devant le conseil de guerre du 26 août : « L'armée n'a de munitions que pour une bataille. »

M. Bazaine, dans son livre, revient à plusieurs reprises sur la difficulté que l'on a éprouvée à compléter l'approvisionnement pour les pièces de 4 ; mais la situation de M. Soleille est précise, détaillée : « *l'armée est complètement réapprovisionnée et prête à marcher.* » C'est assez clair.

MM. Bazaine et Soleille auront à expliquer les faux renseignements qu'ils ont donnés au conseil le 26 août. Ils y sont obligés d'autant plus, que deux des membres (**MM.** Ladmirault et Bourbaki) ont motivé uniquement sur le défaut de munitions, l'avis auquel il se sont rangés, de maintenir l'armée sous Metz.

*
* *

LE GÉNÉRAL DESVAUX

Le général Desvaux commandait à l'armée du Rhin la division de cavalerie de la garde, Il a remplacé le général Bourbaki à partir du 23 septembre.

En parlant de la responsabilité qui incombe aux commandants de corps d'armée, et aux chefs des différents services membres des conseils de guerre, le général Deligny s'exprime ainsi :

« La même responsabilité atteint les membres du con-
« seil, qui, soit par faiblesse, soit par imprévoyance, sous
« l'obsession peut-être de considérations étrangères au
« devoir militaire bien compris, ont cédé à des suggestions
« mauvaises, et ont ainsi aidé aux manœuvres du général
« en chef.

« Nous faisons, toutefois, une réserve concernant le
« général Desvaux qui n'a figuré, dans le conseil, que
« comme intérimaire, et seulement alors que les affaires
« étaient déjà très-embrouillées. »

M. Desvaux avait pris une part active à la révolution de 1830. Il avait été nommé officier par récompense nationale, c'était ce que l'on appelait alors « un héros de juillet. » Il a fini comme commandant de la garde impériale de Napoléon III, ce qui ne se ressemble guère.

M. Desvaux était, pour la cavalerie, un des très-rares officiers généraux sérieux, travailleurs, instruits que comptait l'armée.

Il n'a pas assisté au conseil de guerre de la ferme de Grimont (26 août).

Ayant pris le commandement de la garde, le 23 septembre; il était appelé, le 7 octobre, comme les autres chefs de corps, à fournir un rapport sur la situation, après en avoir conféré avec ses généraux de division.

Dans ce rapport, il exprimait l'avis de tenir à Metz aussi longtemps que l'on aurait des vivres; puis, lorsqu'ils seraient épuisés, d'entrer en communication avec l'ennemi pour connaître ses conditions, au cas où ces conditions seraient honorables, on devait les accepter, sinon avoir recours aux armes, et sortir en combattant.

L'idée qu'une armée aussi importante que celle de **Metz** pût capituler était un fait sans précédent dans l'histoire. Même aux conditions les plus honorables du monde, c'était quelque chose d'inouï, d'absolument contraire aux traditions militaires de la France.

« La pensée de s'ouvrir un chemin à travers l'armée
« ennemie s'offrait la première à l'esprit, dit **M.** **Desvaux.**
« Cette tentative a déjà été essayée sans succès; elle serait
« encore moins réalisable dans l'état où se trouvent les
« chevaux, privés de nourriture, et les terrains détrempés
« par la pluie. On combattrait avec une artillerie et une
« cavalerie presque impuissantes, malgré le courage qui
« anime ces deux armes.

« Dans tous les cas, la place de Metz, dépourvue de vi-
« vres, serait obligée de se rendre. »

Tels sont les motifs sur lesquels **M.** **Desvaux** et ses divisionnaires : MM. **Deligny**, **Picard** et **Du Frétay**, se sont appuyés pour repousser le recours aux armes, et lui préférer une capitulation honorable.

Ces raisons sont mauvaises.

1° La tentative a déjà été essayée sans succès..... Est-ce donc une raison pour ne la point renouveler ? Le succès n'est-il pas seulement aux persévérants ? Est-ce à dire que parce que l'on aura été battu (et ce n'était pas le cas)..... il ne faudrait plus se battre ? Quelle est cette nouvelle théorie ?

2° Les chemins sont détrempés..... mais ne le sont-ils pas pour les Prussiens comme pour nous ? Cette circonstance nous est même favorable pour le premier coup de collier à donner ; car nous avons moins de chemin à faire pour arriver au point d'attaque choisi que les Prussiens, qui ont à s'y rendre de tous les points de la circonférence d'investissement. Les chemins détrempés ne peuvent donc que rendre leur concentration moins rapide (comme le 26 août). Une fois le passage forcé, si les chemins détrempés ralentissent notre retraite, ils ralentiront aussi la poursuite, d'autant mieux que l'ennemi aura fait péniblement plus de chemin pour se rendre sur le point de la trouée.

3° *Les chevaux étaient mal nourris, l'artillerie et la cavalerie auraient été presque impuissantes.....* (1). Ceci est une bonne raison ; mais c'était une de ces chances défavorables comme on en rencontre tous les jours à la guerre. Si les chevaux s'affaiblissaient de plus en plus, n'était-ce pas une raison pour attendre de moins en moins, au lieu de continuer à s'immobiliser jusqu'à ce qu'on n'eût plus de vivres, et qu'il ne fût plus temps ?

Quant à être obligé plus tard d'en arriver à ce recours aux armes que l'on déclinait pour le présent, et auquel on était résolu en cas de conditions non honorables, est-ce qu'il pouvait y avoir doute ? Ne savait-on pas quel genre de guerre nous faisaient les Prussiens, et à quoi s'en tenir

(1) Au commencement d'octobre, la ville offrait dix-huit cents chevaux encore en bon état pour atteler l'artillerie.

sur leur générosité? L'exemple de Sedan n'était-il pas là?
N'était-on pas sûr que les conditions seraient aussi dures
que possible, par conséquent inacceptables..... si ce n'est
pour la malheureuse armée, que l'on aurait réduite, par ce
retard insensé, à son dernier morceau de pain et à l'impuissance absolue cette fois.

Ces réflexions ne pouvaient manquer de frapper des
hommes intelligents tels que MM. Deligny et Picard; aussi
M. Desvaux rend-il compte que ces deux divisionnaires
« ont émis l'avis que toute négociation de l'armée française
devrait être promptement ouverte, afin de ne pas retarder
une sortie par la force dans le cas où l'ennemi poserait des
conditions inacceptables ou ferait attendre sa réponse. »
Quant au troisième général, M. Du Frétay, le silence que
garde M. Desvaux sur son compte pourra être interprété
comme l'on voudra.

Réserve faite sur ce qu'il y avait d'inadmissible dans
l'idée de cette « gigantesque capitulation, constatons que
M. Desvaux ne l'a jamais regardée possible que « l'honneur
sauf. »

Au retour de Boyer de Versailles, au conseil du 18 octobre, M. le général Desvaux déclare : « *qu'il faut sortir,
après avoir laissé nos troupes sous Metz, jusqu'à ce qu'elles
ne puissent plus vivre, car on peut encore exiger d'elles ce
sacrifice.* »

C'est toujours le même avis insensé; le jour où nos
troupes ne pourront plus vivre sous Metz, elles ne pourront plus se battre, elles seront affamées, épuisées, per-
dues.....

Dans le conseil du 18 octobre, M. Desvaux a donc dou-
blement tort de voter pour l'envoi de Boyer à Chislehurst,
et pour la continuation des négociations. Il s'associe, par
ce vote, aux agissements politiques du général en chef, en
même temps qu'il contribue à la perte de l'armée.

Le 26 octobre, M. Desvaux accepte la capitulation, et, au conseil du 28, il la signe. Peut-il dire qu'il ait tenu la promesse qu'il avait faite à ses divisionnaires? Est-ce là l'engagement qu'il avait pris avec eux? Le texte de M. Jarras est-il celui « d'une convention honorable pour nos armes. »

M. le général Deligny, dans sa parfaite loyauté, ayant cru s'être trompé en écrivant que la capitulation avait été signée par *tous* les membres du conseil guerre, a adressé de Munster, à un journal belge, une rectification concernant M. le général Desvaux. Le maréchal Bazaine, dans son livre, a maintenu l'affirmation de son « rapport sommaire; » il ne fait pas d'exception pour M. Desvaux.

Ce sera encore un des points à éclaircir aux débats.

Au reste, M. le maréchal Bazaine, avec une certaine perfidie, a tenu à désillusionner en quelque sorte le général Deligny, en publiant, à la page 191 de son livre, une lettre du général Desvaux, dans laquelle celui-ci, rendant compte d'une *conversation particulière* qui lui a été rapportée, s'exprime ainsi au sujet du général Deligny :

« ..... Mon aide de camp l'a trouvé (le général Deligny)
« avec deux officiers supérieurs. On a causé de la situation,
« et la possibilité d'une sortie, les armes à la main, a été
« examinée.

« Le général Deligny, avec l'ardeur qui le caractérise, à
« dit :

« Une sortie en ce moment (24 octobre) serait un acte
« criminel; ce qui a été approuvé par les deux officiers
« supérieurs.

« Comme ce langage du général Deligny n'est plus en
« rapport avec celui qu'il a tenu devant moi il y a quel-
« ques jours, et dont je vous ai entretenu à la fin du con-
« seil, j'ai tenu à vous le faire connaître sans retard.

« DESVAUX. »
13

Il semble résulter tout au moins de cette lettre que M. le général Deligny n'avait pas à se mettre en frais « de rectifications » au profit de M. le général Desvaux.

En résumé, si le commandant de la garde a montré de l'énergie en persistant à demander le recours aux armes quand les conditions des Prussiens ont été connues, — ce qui ne paraît pas prouvé, — il avait rendu l'acceptation de ces conditions inévitable, fatale, en persistant aussi à voter le maintien de l'armée sous Metz jusqu'à sa dernière bouchée de pain. Par cette persistance, il a contribué à la chute de Metz avant l'heure, puisque l'armée devait nécessairement épuiser les vivres de la place; et il a contribué à la perte de l'armée, puisqu'à cette limite extrême elle devait se trouver réduite à l'impuissance.

De ceci, comme de l'envoi de Boyer à Chislehurst, M. Desvaux doit compte à l'opinion publique. Mais n'oublions pas, d'un autre côté, qu'en s'assurant que les drapeaux de la garde seraient brûlés, en exigeant qu'ils le fussent, à l'arsenal, devant le général d'artillerie chargé de les accompagner, M. Desvaux, sous ce rapport, doit être exonéré de la responsabilité qui pèsera toujours sur ses collègues.

*
* *

LE GÉNÉRAL COFFINIÈRES

M. le général Coffinières commandait en chef le génie à l'armée du Rhin. Il a été nommé commandant supérieur de Metz, par l'empereur, au moment où la retraite sur Verdun a été décidée.

M. Coffinières a été vivement attaqué, et malgré tout

le mouvement qu'il s'est donné, malgré toutes les lettres dont il a inondé les journaux, malgré la brochure prétendue justificative qu'il a publiée (1); son nom restera éternellement, pour les Messins, l'antithèse.... du nom de Fabert.

Une lettre de M. de Bouteiller, membre du Conseil municipal de Metz, et qui a toute autorité pour parler de tout ce qui s'est passé dans la ville, résume tous les reproches que les habitants formulent contre leur ancien gouverneur.

Après avoir raconté une circonstance pénible, dans laquelle le ressentiment de ses concitoyens a fait explosion contre le général Coffinières, M. de Bouteiller s'exprime ainsi :

« En présence de cette manifestation terrifiante dans la
« forme, mais trop justifiée par les circonstances, le géné-
« ral balbutiait quelques paroles, invoquait les conve-
« nances, le respect dû aux fonctions qu'il remplissait;
« mais quel moyen avait-il de désarmer la juste indigna-
« gnation des citoyens? Qu'avait-il en réalité le droit de
« répondre aux sanglantes accusations qu'on lui jetait à la
« face? Avait-il, oui ou non, créé le comité des approvi-
« sionnements dès l'établissement de l'état de siége, ainsi
« que le lui prescrivait son devoir formel? Avait-il favo-
« risé de tous ses efforts, ou au contraire modéré l'entrée
« à Metz de tous les approvisionnements des campagnes
« voisines, au début de la guerre? Avait-il, oui ou non,
« laissé les boulangeries de la ville alimenter surabon-
« bondamment les camps, et les réserves se prodiguer
« comme si elles étaient inépuisables? N'avait-il pas laissé
« le Conseil municipal dans l'ignorance absolue de la

____

(1) *Réponse du général Coffinières à ses détracteurs*, Bruxelles, 1871.

« situation jusqu'au jour néfaste (13 octobre), où il était
« venu annoncer l'épuisement complet des vivres de l'ar-
« mée, et la requérir de partager avec elle les ressources
« de la ville? N'avait-il pas encore sur la conscience
« d'avoir fait tout ce qu'il fallait pour intimider la popu-
« lation et amoindrir son ressort; soit lorsqu'il annonçait
« à jour fixe un bombardement terrible de canons Arms-
« trong, qui, par le fait, n'ont jamais existé ; soit lorsqu'il
« faisait prévoir un autre bombardement, général cette
« fois, qui devait suivre le départ de l'armée; *ce départ,*
« *objet de tous nos vœux, tant de fois promis, et réalisé*
« *vous savez comment!* La population de Metz avait donc
« le droit d'être sévère pour lui, elle qui, restée impassible
« devant tous les dangers dont on la menaçait, famine,
« feu et peste, ne demandait qu'une chose, tenir encore,
« tenir toujours, souffrir, et s'il le fallait mourir pour la
« France. Oui, elle était affamée, mais elle l'était surtout
« de sacrifices et d'héroïsme. Et dites-moi, s'il n'y avait
« pas d'héroïsme depuis plus d'un mois, à la population
« laborieuse et indigente, à ne pas proférer une plainte, à
« ne pas prononcer un mot de défaillance quand elle se
« voyait en proie aux souffrances que chaque jour aggra-
« vait, à peine nourrie, sans sel, sans légumes, atteinte de
« fièvres, de variole, de dyssenterie, et frappée par
« une mortalité surtout impitoyable pour les petits en-
« fants?

« Non, ceux-là ne se plaignaient pas, et quand le flot
« de la misère, toujours montant, promettait de ne laisser
« subsister aucune exception, personne n'avait la pensée
« de se plaindre davantage. La calme et héroïque résigna-
« tion de nos pauvres ouvriers n'aurait trouvé que des
« imitateurs.

« La garde nationale, si unie et si homogène, où le
« sentiment national avait rapproché toutes les opinions,

« de même que toutes les classes s'y trouvaient confon-
« dues, n'aspirait qu'à jouer, dans la défense, un rôle plus
« actif, que lui permettait d'espérer le départ de l'armée.

« Elle exhalait son patriotisme dans les conciliabules,
« elle l'affirmait dans les projets suivis d'exécution, dont
« le succès eût sauvé la situation, alors que la situation
« pouvait encore être sauvée. Elle rêvait de voir substi-
« tuer au maréchal Bazaine un autre chef mieux en pos-
« session de la confiance de l'armée; elle demandait le
« remplacement du général Coffinières, etc., etc.

« Mais tout cela échoua. Menées avec loyauté, avec réso-
« lution, appuyées par de chaudes sympathies dans la
« partie de l'armée restée virile jusqu'au bout, toutes les
« demandes se brisèrent contre un respect absolu de la
« discipline, qui ne permit à aucun de ceux en qui on
« mettait son espoir de consentir à ce qu'on attendait
« d'eux.

« Laissez-moi défigurer ici un mot célébre, pour dire
« à ce sujet tout ce que je pense :

« O discipline militaire, que de faiblesses on a commises
« en ton nom!

« Ce qui est certain, c'est que le général Coffinières
« gardera toujours le souvenir des heures d'angoisses et
« de justes amertumes que lui a infligées le désespoir du
« patriotisme messin, au son de toutes nos cloches, son-
« nant par le toscin le glas de notre agonie! Cette voix des
« Messins désolés, il l'entendra encore le jour où le con-
« seil d'enquête sera ouvert sur la manière dont chacun
« aura rempli son devoir. »

M. le général Coffinières a répondu aux accusations
dont il est l'objet dans une brochure que son étendue ne
nous permet pas de reproduire ici, nous y renvoyons le
lecteur. Mais ce n'est pas sans indignation que nous avons
vu l'ex-gouverneur de Metz s'exprimer avec une arrogance

ou une ironie que ne justifie nullement la gravité des charges qui pèsent sur lui.

Ses démêlés avec les habitants de Metz sortiraient de notre cadre; mais nous ne pouvons cependant passer sous silence le passage suivant d'une des ripostes qu'il s'est attirées :

« Dans la soirée du 13 octobre, entre 9 et 10 heures, sur
« la place d'armes, vous vous êtes présenté à la garde
« nationale et à la population qui demandaient à la muni-
« cipalité des explications sur les événements, et là vous
« avez juré solennellement, sur votre honneur, sur votre
« épée, sur votre croix, que jamais vous ne consentiriez à
« une capitulation, que vous défendriez Metz jusqu'à la
« dernière goutte de votre sang, et que vous feriez fusiller
« immédiatement celui qui parlerait de reddition ou de
« capitulation, et que vous vous feriez plutôt sauter la cer-
« velle que de signer une pareille honte ! »

« Ce sont, monsieur, *vos paroles textuelles*, elles étaient
« si graves et paraissaient si sincères de votre part, que
« nous les avons tous précieusement recueillies, et que
« tous nous en affirmons hautement la véracité. »

Ces quelques lignes indiquent assez le ton de la polémique que M. le général Coffinières a eue à soutenir. Nous ne pouvons, nous le répétons, reproduire ici toutes les correspondances échangées. Mais, quant au fait articulé ci-dessus, il est bon que le lecteur sache bien que M. le général Coffinières ne l'a pas contesté, et il est bon aussi qu'il juge de la valeur de sa justification.

« Le 10 octobre, répond M. Coffinières, le maréchal
« croyait que l'armée allait partir, et il prit ses mesures en
« conséquence.

« De mon côté, je réservai la séparation des intérêts de
« la ville et de l'armée, je constituai mes conseils, je fis
« des perquisitions de vivres, etc., etc..... et j'affirmai hau-

« tement, *même sur la place publique*, que j'étais ferme-
« ment résolu à faire mon devoir.

« Le 25 octobre, lorsque nos négociateurs furent pris
« dans les filets de la diplomatie, et que toutes nos res-
« sources furent épuisées, le maréchal et le conseil de
« guerre m'imposèrent l'obligation de confondre leurs
« intérêts avec ceux de la place. Je demandai un ordre
« écrit, et je dûs obéir. La situation se trouva donc radi-
« calement changée.

« Voilà l'explication bien simple de cette abominable
« duplicité qu'on me reproche. »

Nous estimons, quant à nous, que le lecteur serait bien
autrement *simple* que l'explication, s'il pouvait s'en con-
tenter.

1° Jamais le maréchal Bazaine n'a eu l'intention de
quitter Metz, son livre le prouve à chaque ligne.

2° Admettant que l'armée partît, c'est ce moment que
vous aviez attendu pour séparer les intérêts de la place de
ceux de l'armée? il était bien temps! si l'armée partait,
vous n'aviez rien à réserver, il est clair que la séparation
existait *ipso facto*. C'est dès le début que vous auriez dû
réclamer cette séparation, faire ce que vous avez fait à la
fin seulement, et tenir le langage que vous n'avez tenu
que quand tout était perdu, quand la responsabilité se
dressait devant vous.

M. le général Coffinières, pour se disculper d'avoir
laissé épuiser les approvisionnements de Metz, a invoqué
un article du règlement qui l'aurait subordonné au maréchal Bazaine.

C'est à tort.

Au moment où M. Coffinières a été nommé gouverneur
de la place, l'armée *n'était qu'en passage à Metz*; elle avait
l'ordre de se retirer sur Verdun; et c'est même cette circonstance qui a motivé la nomination de M. Coffinières.

C'est donc à ce moment, à la date du 12 août, quand la place se trouvait en état de siége, puisque l'ennemi n'était qu'à une journée de marche, que M. Coffinières devait organiser son conseil de défense, ses approvisionnements, le comité chargé de leur surveillance, etc., etc..... en un mot, faire tout ce que M. Bouteiller lui reproche de n'avoir pas fait.

Sans doute le réglement subordonnait M. Coffinières à M. Bazaine; mais le réglement le rend aussi responsable de la place qui lui était confiée.

Le maréchal Bazaine, du premier au dernier jour du blocus, n'a cessé de répéter que les intérêts de la ville et de l'armée étaient distincts. Il ne s'est jamais regardé comme ayant le droit de traiter de la capitulation de Metz. Il l'a répété au sieur Régnier, en faisant remarquer qu'en tous cas « *Metz était en dehors de la question, cette place de guerre ayant son gouverneur indépendant, car il avait reçu son mandat directement de l'empereur.* » (Voir Bazaine, p. 126).

Il est donc inexact, complétement inexact, de prétendre que c'est la subordination de M. Coffinières à M. Bazaine, qui a empêché le premier de remplir ses devoirs de commandant de place.

Le maréchal Bazaine, dans son rapport sommaire, s'exprime ainsi : « Les autorités civiles et militaires de Metz « n'avaient pas pris de dispositions, quand il en était « temps encore, pour faire rentrer dans son enceinte « toutes les ressources en vivres et en fourrages des can- « tons voisins, et augmenter ainsi les approvisionnements « en prévision d'un long blocus. »

Ce reproche est parfaitement mérité par le général Coffinières et par le préfet, M. Odent.

« En ce qui me concerne, dit M. Coffinières, je n'ai reçu « aucun ordre, on ne peut donc m'attribuer aucune part

« de responsabilité dans la question des approvisionne-
« ments. »

Et cette excuse de n'avoir pas reçu « d'ordres, » le
commandant de Metz la répète à satiété dans sa justification. Est-ce que des ordres étaient nécessaires en pareil
cas? Est-ce que le maréchal Bazaine *a défendu* au général
Coffinières de veiller à l'approvisionnement de Metz?

Pourquoi avait-on nommé un général de division commandant supérieur, si ce n'est parce que les circonstances
exigeaient une autorité et une initiative plus grandes que
celles appartenant à un simple commandant de place?

La vérité c'est que, jusqu'au jour où M. Coffinières a
compris combien sa responsabilité allait être engagée par
la perte de Metz; il n'a cessé de demander que l'armée
restât sous ses murs,

Il l'a demandé au 1er conseil de guerre, le 26 août. Il
s'est opposé au départ de l'armée et à un recours aux
armes pour percer les lignes prussiennes, en affirmant que
Metz ne tiendrait pas quinze jours après le départ des
troupes. Grâce à lui, on a assisté à ce singulier spectacle
d'une ville dont la poitrine des soldats protégeait les mu-
railles, alors que, d'habitude, ce sont les fortifications qui
garantissent la poitrine des soldats.

Le 5 octobre, certains ordres du maréchal donnant
à penser qu'il pouvait avoir quelque velléité de forcer le
passage à travers l'ennemi, M. Coffinières lui écrivait :
« ..... Dieu veuille que les cent cinquante mille habitants
« et garnison, ainsi que votre armée, ne soient pas vic-
« times de la résolution que vous allez prendre. »

Toujours ce même affaissement, toujours cette crainte
d'être livré à lui-même; toujours cette peur de la responsabilité que lui imposera son commandement, le jour où
le maréchal ne sera plus là pour l'en décharger!

Le 8 octobre, dans son rapport, Coffinières s'exprime

ainsi : « Nous concluons donc : que le départ de l'armée
« serait funeste, et qu'il doit être écarté comme ayant
« pour conséquence la perte certaine de la place et la
« perte très-probable de l'armée.

« La première inspiration de la bravoure et du patrio-
« tisme, dit encore M. Coffinières à cette même date, est
« de forcer les lignes ennemies, de couper leurs commu-
« nications, de braver tous les dangers, pour aller se
« joindre à la nation armée, et de laisser la place de Metz
« se défendre elle-même. Mais la froide raison fait voir
« que ce généreux et héroïque projet ne peut amener que
« des catastrophes. »

Eh ! quelle catastrophe plus épouvantable, plus honteuse, plus complète, M. Coffinières ne préparait-il pas
en retenant l'armée ? Il était trop intelligent pour ne pas
le comprendre, mais il ne s'inquiétait que d'une chose :
ne pas endosser la responsabilité.

En cela il s'est trompé ; il pourra esquiver la responsabilité légalement, judiciairement ; mais la responsabilité
morale lui restera.

Plus tard, quand tout sera perdu, *quand la résistance
sera impossible,* parce que la prolongation du séjour de
l'armée sous Metz l'aura réduite à l'impuissance ; oh ! alors,
M. Coffinières tiendra un autre langage.

Il refusera de donner des vivres à l'armée ; il demandera
que les négociations soient abandonnées ; il demandera le
recours aux armes, etc., etc. Il déclarera que les intérêts
de la ville sont distincts de ceux de l'armée ; il réclamera
son indépendance comme commandant de place ; il jurera
sur la place publique de se défendre, de faire fusiller quiconque parlera de capitulation,... etc..., etc..., etc...

Le lecteur appréciera à leur valeur ces déclarations.
M. Coffinières a pu proposer sa démission quand la situation — grâce à lui pour une bonne part — était tellement

désespérée, que personne ne pouvait se soucier d'accepter une succession aussi dangereuse. C'est au début, quand il a vu que le salut de Metz était compromis, qu'il aurait dû donner et maintenir sa démission ; alors il eût fait preuve de caractère. Dans les conditions où sa démission a été donnée, nous ne voyons qu'un moyen adroit d'échapper à la responsabilité, et l'*ordre écrit* qu'il a demandé au maréchal, le 26 octobre, ne suffira jamais à l'en exonérer.

Au point de vue politique, la conduite de **M. Coffinières** à Metz ne nous semble pas plus nette qu'au point de vue militaire.

Il s'est opposé, il est vrai, à l'envoi de Boyer en Angleterre ; mais il avait voté, le 12 octobre, pour son envoi à Versailles ; or, *la note* que Boyer portait nous a édifiés sur ce qu'il allait faire.

M. Coffinières a refusé d'employer la force pour rétablir l'aigle à l'hôtel de ville, c'est vrai, mais l'arsenal où les drapeaux de l'armée avaient été *emmagasinés* était sous sa dépendance, et il n'a pas usé des facilités que lui donnait cette position pour les faire détruire. Il n'était pas responsable, il est vrai, du manque de parole du maréchal Bazaine ; mais il eût pu rendre à l'armée un service qui eût racheté bien des fautes, et il ne l'a pas fait. Quant à son matériel, à ses munitions, à ses poudres, etc., etc., *que le règlement lui prescrivait de détruire avant de livrer la place,* et dont l'ennemi s'est servi pour réduire nos autres forteresses ou combattre nos armées ; **M. Coffinières** prétend à cet égard que remplir son devoir de commandant de place, et exécuter le règlement, c'eût été « donner l'exemple de l'insubordination ! »

Il n'y a rien à répondre à de pareilles aberrations ; cela vaut la théorie de **M. Changarnier** « aimant mieux voir l'armée perdue, que sauvée par l'indiscipline. »

* *

LE GÉNÉRAL CHANGARNIER

Le général Changarnier n'avait aucun commandement à l'armée de Metz.

On sait comment il est venu trouver l'empereur, et, beaucoup de gens, à ce moment, se sont demandé ce qu'il venait faire dans cette galère. On a le droit de se montrer sévère à l'égard de M. Changarnier. Son infatuation, sa confiance immodérée en lui-même ont fait autant de mal au pays qu'à l'armée. Cependant, nous estimons que, la part faite au désir insatiable qui le distingue de faire parler de lui à tout prix, M. Changarnier, oubliant noblement ses rancunes politiques devant le danger du pays, et venant offrir ses services après Reischoffen, rachetait ainsi bien des fautes. Ses incurables travers, sa versatilité ont contribué à perdre l'armée de Metz, et à donner le coup de grâce à la France.

Dans ces conditions, M. Changarnier n'a plus droit qu'à une appréciation impartiale de sa conduite.

L'empereur n'a pas accepté les services de M. Changarnier.

Il le connaissait à fond.

« Je prie le gouvernement républicain d'utiliser mon
« dévouement à la France, — avait écrit autrefois le gé-
« néral Changarnier ; — je sollicite le commandements
« de la frontière la plus menacée. L'habitude de manier les
« troupes, la confiance qu'elles m'accordent, une expé-
« rience éclairée par des études sérieuses, l'amour pas-
« sionné de la gloire, la volonté et l'habitude de vaincre

« me permettront sans doute de remplir avec succès tous
« les devoirs qui pourront m'être imposés.

« Dans ce que j'ose dire, ne cherchez pas l'expression
« d'une vanité puérile, mais le désir ardent de vouer mes
« forces au salut de la République. »

(*Histoire du second empire* — par Taxile Delord.)

Est-ce le souvenir de cette lettre qui a fait réfléchir
l'empereur? Après Wissembourg, Reischoffen et Spikeren,
le temps de la forfanterie était passé. Il fallait autre chose
pour nous tirer d'affaire. M. Changarnier n'eut pas de
commandement. Napoléon III déclina ses services comme
l'avait fait le gouvernement républicain.

Etait-ce à regretter? Nous ne le pensons pas.

Pas plus que nos autres généraux élevés à l'école
d'Afrique, M. Changarnier ne pouvait avoir cette habitude
de *manier des troupes* qui leur fait défaut, et dont il se tar-
guait, pour son compte en 1849. Sous ce rapport, il ne va-
lait même pas les généraux dont on venait de constater
l'insuffisance. Soit en Italie, soit en Crimée ou au camp de
Châlons, ceux-ci, tant bien que mal, avaient du moins
commandé des divisions, des corps d'armée.

Or, il faut pourtant que l'on sache bien, quand M. Changarnier parle de sa haute expérience, de son habitude de
vaincre, etc., etc., sur quelles bases reposent ces prétentions.

Nos lecteurs seront sans doute fort étonnés d'apprendre
que, pendant toute sa vie, M. Changarnier n'a jamais commandé, au grand maximum, plus de quatre à cinq mille
hommes au feu. C'était le chiffre habituel des colonnes
expéditionnaires à l'époque où il était général en Afrique.
La plus grande réunion de troupes qui ait eu lieu de son
temps, n'a pas dépassé dix mille hommes ; c'était à la
bataille d'Isly, — et il n'y était pas. — Ajoutons que
M. Changarnier, bien inférieur comme valeur d'ensemble

aux généraux Bedeau, Lamoricière, Cavaignac, etc., etc.,
n'a jamais commandé et administré, comme ceux-ci, les
provinces de Constantine et d'Oran. Le maréchal Bugeaud,
qui le connaissait bien, et qui le jugeait avec son admirable
bon sens, l'a toujours gardé sous sa tutelle dans la province d'Alger et ses subdivisions.

Voilà, en réalité, comme expérience pratique, les antécédents sérieusement militaires de M. Chángarnier. Soit
en sous ordre, soit comme commandant particulier de
toutes petites colonnes, il s'est montré bon officier ; il a
remporté parfois des succès : aux Beni-Menacer par
exemple. Mais son habitude de vaincre n'était pas tellement
enracinée qu'il ne se soit aussi fait donner — même par
les ennemis bien inférieurs qui « ont gâté la main » à notre
armée, — de sévères leçons. L'affaire de l'Oued-Foddah
où, après s'être engagé fort maladroitement sur un mauvais
terrain, et s'être fait entourer par les Arabes, il fut obligé
de battre en retraite en perdant du monde, est du nombre.

La retraite de Constantine est l'origine de la fortune
militaire de M. Changarnier. Il est bien loin de notre
pensée de vouloir diminuer en rien le mérite de sa solide
attitude dans cette circonstance, attitude qui fut surtout
mise en relief par la défaillance de M. le général de
Rigny. Dire que M. Changarnier n'est pas brave serait
stupide, mais dire aussi qu'il a été servi, outre mesure,
par les circonstances, et qu'il est encore cent fois plus
vaniteux qu'il ne peut être brave, n'est que la vérité.

Nous sommes, en France, faciles à l'engouement comme
à la colère ; l'échec du maréchal Clausel avait vivement
irrité l'opinion. Il fallait une compensation à la conduite
de M. de Rigny ; la fermeté de M. Changarnier se présenta
à point. Le maréchal Clausel fut mis de côté, le général
de Rigny traité encore plus sévèrement — car, dans ce
temps-là, grande situation ou noble parenté n'excusait per-

sonne de n'avoir pas fait son devoir (1); — M. Changarnier
eût le bénéfice de ce repoussoir; il fut mis en pleine
lumière, loué sur tous les tons, exalté..... un peu plus que
de raison; et l'opinion publique fût apaisée.

Comme théoricien militaire, M. Changarnier, — si nous
en jugeons par le résultat publié « des sérieuses études qui
ont éclairé son expérience » — n'a pas dû être, à Metz, un
conseiller d'un grand poids.

Il s'est chargé de démontrer lui-même que sa science,
comme sa pratique, était en arrière d'un bon quart de
siècle.

En veut-on la preuve ?

Chacun ne connaît que trop, hélas ! les avantages et
l'ascendant que la Prusse a puisés dans la bonne organisation de ses réserves et de son armée de seconde ligne ;
dans l'obligation du service militaire étendue à tous ses
nationaux ; dans *la préparation*, en un mot, de ces effectifs
écrasants qui ont rendu pour nous la lutte si inégale.

En 1867, tous les officiers studieux qui avaient suivi
dans ses détails la foudroyante campagne de Sadowa,
étaient unanimes à constater le danger dont la France était
menacée par l'infériorité de ses effectifs. Tous les militaires sérieux s'accordaient à déclarer qu'un recours bien
décidé aux voies et moyens adoptés par nos futurs adversaires, pourrait seul rétablir l'équilibre.

A cette époque, le maréchal Niel, un grand citoyen mort
depuis à la peine, avait le courage d'affronter les répu-
gnances du pays et les résistances du Corps législatif. Le

(1) M. de Rigny était le frère de l'amiral (le vainqueur de Navarin, ministre de la marine, ambassadeur à Naples, etc.). Le général était lui-
même fort bien en cour ; tout cela ne l'empêcha pas de voir sa carrière
brisée et d'être, à tout jamais, privé de commandement et d'avance-
ment.

gouvernement tout entier, réveillé de sa torpeur, semblait bien résolu à donner satisfaction aux nécessités de la situation, dût-on pour cela en finir une bonne fois avec les idées surannées, avec les vieilles doctrines sur lesquelles nous vivions depuis cinquante ans.

C'était compter sans M. Changarnier : on comprend qu'il ne pouvait se taire dans une circonstance aussi grave.

« Il n'est pas, comme il le dit dans son petit évangile (1), de ces hommes qui s'inclinent sans examen devant la fortune » oh ! non, et s'il ne manifeste pour l'armée prussienne qu'une estime mitigée, « c'est qu'elle a partout, dans ce moment (1867) la faveur *du vulgaire.* »

« ..... L'armée prussienne très-jeune, doublée d'une
« réserve brusquement enlevée à ses occupations séden-
« taires, a montré, écrivait M. Changarnier, qu'elle n'est
« pas apte à supporter les fatigues d'une longue guerre.
« Dans une campagne de quelques jours, elle a jonché les
« routes de ses traînards, encombré les hôpitaux de ses
« malades. Devant un ennemi tenace, obstiné, disputant
« pied à pied le sol de la patrie, elle se serait éteinte
« malgré sa bravoure incontestée, longtemps avant l'ac-
« complissement de sa tâche. »

Voilà ce que M. Changarnier « qui ne cède pas aux admirations du vulgaire » avait deviné ! On a vu comment sa prophétie s'est réalisée ; on a vu si les armées allemandes étaient encombrées de traînards, etc...,.

« On a osé écrire qu'en 1866, dit ailleurs M. Changar-
« nier, la Prusse a mis 700,000 hommes en campagne.
« C'est une grande exagération. On a ajouté que, désor-
« mais, elle pourra apposer à ses ennemis 14,00,000 hom-
« mes, cela n'est pas plus vrai.....

(1) *Un mot sur le projet de réorganisation militaire,* par le général Changarnier. — Dentu, 1870.

« En présence de redoutables éventualités, devons nous,
« ainsi que le propose, après beaucoup d'autres, un mem-
« bre de la commission nommée par le Corps législatif,
« donner à toute notre jeunesse valide un semblant d'ins-
« truction militaire?..... Remercions notre gouvernement
« de n'avoir pas voulu confier à une si frêle organisation
« les destinées de la France.....
« . . . . , ...
« Malheur à la France, si, brisant la chaîne de ses glo-
« rieuses traditions, elle se lassait d'avoir une armée plus
« puissante par l'organisation que par le nombre!..........
« ..... N'envions pas cette institution (la landwher) à
« ceux dont elle fait la confiance. La landwher est la base
« et la réserve de ces armées qui, en quelques semaines
« d'été, et dans des contrées très-riches, perdent beaucoup
« plus d'hommes par les marches prolongées et les
« bivouacs que par le fer et le feu de l'ennemi. On les
« appelle des armées économiques. Ce n'est pas la popu-
« lation qu'elles économisent; elles ne pourraient les
« maintenir longtemps à leur premier effectif.
« Pour justifier de telles prodigalités d'hommes, pour
« nous habituer à l'idée de mettre en ligne des générations
« tout entières, certains publicistes affirment, et le prin-
« cipal orateur du gouvernement a dit que les guerres
« seraient désormais de courte durée, et qu'un premier
« choc pourra décider du sort des empires. Il n'est pas
« utile de nous calomnier nous-mêmes. Si, ce qu'à Dieu
« ne plaise, les premiers arrêts de la fortune des armes
« étaient contraires à la France, elle leur serait certai-
« nement rebelle. Elle ne doit pas compromettre en une
« seule fois toutes ses ressources. Les nations qui pro-
« diguent les leurs peuvent seules être contraintes à
« courber la tête après un premier revers. »
Voilà pourtant ce qu'écrivait M. Changarnier, en 1867.

Quand on songe à ce qui est arrivé ; quand on songe aux événements, dont il n'est pas un qui n'ait été la condamnation absolue, écrasante de ces lamentables conseils, on se demande comment M. Changarnier peut encore aujourd'hui parler de son expérience et de ses « études. »

Et le plus triste, le plus cruel, c'est que cette voix chevrotante a peut-être été écoutée en 1867 ; c'est que M. Changarnier a peut-être été pour quelque chose dans l'admirable *préparation* que son grand ami, M. le maréchal Lebœuf, nous a ménagée.

Car tout est à l'avenant dans ces doctrines de M. Changarnier, et il faut entendre comme il le prend de haut avec ceux qui ne partagent pas sa déplorable manière de voir. L'exposé des motifs de la loi de 1868 avait fait remarquer que, défalcation faite de ce que l'Algérie et les autres services réclamaient, il ne restait que 300,000 hommes à mettre en ligne ; ce qui était tout à fait insuffisant pour faire face aux armées allemandes.

« ..... L'exposé des motifs, dit M. Changarnier, parle « avec quelque dédain de 300,000 combattants, fusil ou « sabre en main, canons attelés ! Nous sommes frappé « d'étonnement. »

Oui, il était frappé d'étonnement, en 1867, qu'on prétendit que 300,000 hommes ne suffiraient pas pour en tenir 900,000 en échec ; eh bien, en 1870, l'étonnement de M. Changarnier a dû cesser !

Tout le monde a condamné le remplacement qui a abaissé le niveau moral et intellectuel de notre armée ; tous les officiers sérieux en demandaient l'abolition, tout aussi bien que la suppression de l'exonération. Ecoutez M. Changarnier :

« Laissez à ceux qui donnent plus volontiers à l'État leur « argent que leur personne, le soin de chercher des rem- « plaçants vigoureux et de bonne conduite. La juste sévé-

« rité des conditions imposées au remplacement en pré-
« viendrait les abus. »

Et peut-être M. Changarnier a-t-il été pour quelque
chose, en 1868, dans le rétablissement du remplacement !

On croit rêver quand on lit encore ceci :

« La réserve sera excellente à deux conditions, voici la
« *première* :..... les hommes de la réserve n'auront pas
« besoin d'autorisation pour se marier, et sur la présen-
« tation de leur acte de mariage, ils seront immédiatement
« rayés des contrôles et ne pourront y être réintégrés.
« *Seconde condition :* Avant de rejoindre l'armée active, *la*
« *réserve ne sera ni réunie ni exercée.* »

Etait-ce de la folie! Etait-ce le besoin de se concilier, à
cette époque (1867), je ne sais quelle popularité de mauvais aloi? On ne sait que penser quand on lit de pareilles
énormités! Et voilà les conseils que M. Lebœuf a suivis :

« . . . . . Laissez donc ces intelligents et allègres
« jeunes gens soutenir leurs familles ét accroître les
« richesses de la nation jusqu'au jour où celle-ci, menacée
« dans son honneur ou dans ses intérêts, fera appel
« à leur dévouement. »

Voici l'opinion de M. Changarnier quant à la garde
nationale mobile. Avec quelques réformes et certaines éco-
nomies, on aura suivant lui : « Une armée imposante et
« capable de grandes choses. » Mais il n'en dit pas le
chiffre.

« Derrière elle, ajoute-t-il, les hommes de la réserve,
« ignorants, mais animés de l'ardeur du premier zèle,
« auront le temps d'acquérir cette instruction que vous
« reconnaissez leur être facile.....

« *Avant d'être appelés par la loi, la réserve et la garde*
« *nationale mobile ne seraient ni habillées ni réunies.* »
(Pages 23 et 26).

Nous avons vu où l'application de pareilles doctrines

nous a conduits en 1870. Suivons toujours **M.** Changarnier :

« N'essayons pas d'égaler le chiffre de nos soldats à
« celui de nos adversaires possibles..... Plus les propor-
« tions s'élèvent, moins l'infériorité numérique est fà-
« cheuse..... Avec 60,000 hommes il n'est pas diffi-
« cile d'en défaire 100,000..... Au delà d'un certain
« chiffre il n'y a point de bonne armée, point d'armée
« dont on puisse assurer la subsistance et bien diriger les
« mouvements..... »

Mais pourquoi, dira-t-on, **M.** Changarnier a-t-il donc
signé la capitulation de 173,000 hommes devant 200,000
au plus?

Quant à faire vivre les armées, beaucoup de gens pen-
saient que les chemins de fer ont complétement modifié
les conditions anciennes ; mais **M.** Changarnier n'est pas
de cet avis là. Il a aussi sa théorie personnelle pour les
chemins de fer :

« La stratégie a des moyens plus rapides qu'autrefois,
« ses principes ne sont pas changés. Quoiqu'en ait dit
« **M.** le ministre d'Etat, les chemins de fer n'ont donné à
« personne le secret de Napoléon..... »

S'agit-il de l'artillerie? Vous croyez que **M.** Changarnier
s'inquiète de sa portée, de sa puissance, de son chiffre?....
Allons donc! Voici pour l'artillerie :

« *L'artillerie française, que notre affection pour celui*
« *qui la dirige* (c'était alors Lebœuf), *ne nous fera pas trop*
« *vanter, est au moins l'égale des meilleures artilleries de*
« *l'Europe.* »

« Les canons rayés, *chers à la multitude* émerveillée *de*
« *quelques boulets creux* qui à Solférino, respectant les
« premières lignes de nos adversaires, ont éclaté au milieu
« d'une petite fraction de leur extrême réserve, ont besoin
« d'acquérir plus de tir *tendu*, plus de tir horizontal. A

« ceux qui conseillent à notre armée une quantité de
« canons telle qu'elle dispenserait les généraux d'avoir du
« génie, nous rappellerons que l'ère des bataillons très-
« jeunes, accompagnés de canons très-nombreux, a été
« l'ère des victoires infructueuses, suivies de désastres
« irréparables.... *D'ailleurs, à quoi bon tant de canons avec*
« *des fusils dont la portée dépasse la vue humaine? Et puis,*
« *on ne rencontre pas souvent des champs de tir de 2,500 à*
« *3,000 mètres.* »

Certes, demandez plutôt aux Prussiens!

Comment s'étonner, avec de pareils conseils, que le
grand ami, M. Lebœuf, se soit si peu inquiété des canons
se chargeant par la culasse, ayant un tiers de portée, et
moitié de calibre de plus que les nôtres?.... Fadaises que
tout cela! Nous l'avons bien vu dans la dernière guerre,
n'est-ce pas?

Vraiment, quand on relit ces élucubrations, résultat
« des sérieuses études qui ont éclairé l'expérience » de
M. Changarnier, on n'est plus étonné des œuvres du malheureux ministre dont il a été, à ce qu'il paraît, l'Egérie !
Ils étaient prêts, archi-prêts tous les deux....

Est-il exemple de préceptes mieux condamnés, de théories mieux démolies, de prophéties plus lugubrement
démenties par les événements, que les préceptes, les opinions, les prédictions militaires de M. Changarnier?

Tout autre que lui, ayant écrit, avant la dernière guerre
et en prévision de cette guerre, ce que nous venons de
rappeler au lecteur, ne saurait où cacher aujourd'hui sa
confusion et sa déconvenue. Si c'était un militaire, il serait
à tout jamais discrédité.

M. Changarnier, lui, n'en n'a pas perdu un atôme de sa
robuste confiance en lui-même.

Eh bien, il était bon, il était utile, maintenant que nous
allons suivre M. Changarnier à Metz, que le public fût mis

à même d'apprécier, tout ce qu'à défaut de son épée dont on n'a pas voulu, un esprit aussi sagace a dû apporter de lumières dans les conseils de l'armée du Rhin.

Nous avons vu comment M. Changarnier était venu à Metz. L'empereur l'y laissa, mais, comme nous l'avons dit, sans commandement.

« Par reconnaissance pour les égards que lui avait
« montrés le maréchal Lebœuf, dit le colonel d'Andlau,
« dans son histoire de la campagne, il s'était attaché à
« lui et vivait à son état-major. »

Il est assez difficile de se rendre compte de ce que fit M. Changarnier pendant la partie active de la campagne. Nous avons lu avec le plus grand soin tous les livres qui ont été publiés sur le blocus de Metz; nous ne trouvons pas traces du général Changarnier; on ne parle de lui ni à Borny, ni à Rézonville, ni à Saint-Privat, ni ailleurs. Le mutisme des historiens n'a rien, du reste, qui doive étonner, puisque M. Changarnier n'avait pas de commandement.

Mais, en revanche, aussitôt que les négociations sont entamées, M. Changarnier se réveille, il sort de sa réserve; bien mieux, il prend un rôle prépondérant; il devient un des plus actifs collaborateurs de Bazaine. Dans quel but et dans quel esprit? Un passage d'une lettre de Coffinières (Yung, p. 146), nous l'apprend :

« Personne, dit Coffinières, n'a encore mis le doigt sur
« la plaie et n'a dit comment était composé ce conseil de
« guerre, dans lequel le maréchal Bazaine, le maréchal
« Lebœuf, le maréchal Canrobert se trouvaient *à côté du*
« *général Changarnier très-chaud partisan de la régence;*
« du général Frossard, gouverneur du prince impérial,
« du commandant en chef de la garde impériale, etc. Le
« conseil de guerre ainsi composé ne pouvait avoir d'autre
« vue que la restauration impériale, et telle est, d'après

« ma conviction, la cause principale de nos malheurs. »

Comment M. Changarnier, le proscrit du 2 décembre, avait-il précisément choisi, pour se rallier à l'empire, le moment où, au crime de son origine, l'empire venait d'ajouter les fautes qui l'emportaient?..... C'est ce que nous ne nous chargeons pas d'expliquer.

Ce que nous savons, c'est que, au retour de Boyer de Versailles, le 18 octobre, Bazaine réunit un conseil de guerre et y invita le général Changarnier. Ce que nous savons, c'est la fausseté des nouvelles rapportées par Boyer. Enfin, ce que nous savons encore, parce qu'il nous l'a affirmé, c'est que M. Frossard prétend avoir été « indignement trompé, » à cette séance du conseil, « par le « tableau lamentable qu'on lui a fait de la situation de la « France. »

Comment cette tromperie fut-elle possible, sans une singulière bonne volonté de la part de ceux qui furent dupes; certes, c'est difficile à comprendre.

Voici, dans tous les cas, ce que l'on raconte :

Les détails donnés par Boyer parurent incroyables à quelques-uns des membres du conseil; l'un d'eux se leva et rappela l'article 255 du décret du 13 octobre 1863, qui prescrit aux commandants des places assiégées de rester sourds aux nouvelles que l'ennemi leur fait parvenir. Un autre demanda au général Boyer de communiquer les journaux français qu'il avait dû rapporter, et l'étonnement fut grand quand il déclara qu'il n'avait pu s'en procurer. Mais le général Changarnier mit un terme à ces observations en priant le général Boyer d'affirmer sur l'honneur la sincérité des communications qu'il venait de faire. Boyer jura, et le général Changarnier se déclara satisfait.

Boyer a juré! Mandataires de l'armée, capitulez en paix !

A l'unanimité moins deux voix (celles de Lebœuf et de Coffinières suivant le procès-verbal de Bazaine, ou bien

celles de Coffinières et Desvaux suivant d'autres historiens),
Boyer fut chargé, comme on sait, de se rendre áuprès de
l'impératrice ; et il ne fut pas tenu compte de l'engagement
pris, le 12 octobre, de recourir aux armes, ainsi qu'il avait
été convenu pour le cas où Boyer n'aurait pas rapporté de
Versailles des conditions honorables et acceptables.

Le 25 octobre, le général Changarnier (contrairement
aux usages de la guerre, comme le fit remarquer le prince
Frédéric-Charles) accepta, bien qu'il n'eût ni commandement ni qualité pour cela, la douloureuse mission d'aller
débattre, suivant les expressions du colonel d'Andlau,
« le degré plus ou moins grand d'humiliation qui allait
être infligé à 173,000 Français. » Le lendemain, il rendit
compte de sa mission. Le général Desvaux, dit-on, proposa de faire une trouée avec la garde (Bazaine n'en dit rien
dans son livre), mais sa proposition ne fut appuyée par
personne, pas même par le général Changarnier, qui avait
pourtant assuré à Bourbaki que l'on percerait les lignes
prussiennes. Que pourrions-nous ajouter encore ? Nous
avons raconté l'épisode de M. le général Clinchant, mal-
mené par M. le général Changarnier, et traité de « *brail-
lard* » parce qu'il voulait se soustraire, coûte que coûte, à
la capitulation.

Nous renvoyons nos lecteurs à la définition qu'un
homme de guerre, peut-être aussi illustre que M. Changarnier, a donné de la discipline en matière de capitulation.

Bien que Napoléon, tout comme M. Changarnier, « n'ait
pas habité une des casemates de Belfort, » il est cependant
de l'avis des Clinchant et des Denfert.

Est-il besoin de rappeler encore cette chose inouïe que
raconte le colonel d'Andlau : « On vit le général Chan-
« garnier insister vivement auprès des généraux du
« 3ᵉ corps pour que la remise des armes se fît dans le

« meilleur ordre, afin que chaque corps les retrouvât aisé-
« ment le jour où il serait appelé à les reprendre. »

Comment M. Changarnier, qui connaissait le texte de la
capitulation que l'on cachait encore aux troupes, a-t-il pu
s'associer à une pareille tromperie ; lui qui savait si bien
qu'aucune stipulation ne permettait de garder un pareil
espoir ; lui qui savait si bien que canons et munitions,
fusils et drapeaux, étaient bien livrés sans réserves, livrés
pour toujours !

Nous n'ajouterons plus qu'un mot : c'est au sujet du singulier conflit qui s'est élevé entre le général Jarras et le
général Changarnier, parce qu'il donne une idée de l'infatuation inouïe, de l'incommensurable vanité du général
Changarnier. Il s'agit du fameux discours qu'il a prononcé
à l'Assemblée sur les affaires de Metz, et dans lequel il a
fait l'apologie de Bazaine de manière à si bien remettre en
mémoire certain pavé du fabuliste.....

M. Changarnier a prétendu, devant l'Assemblée, que le
général Stiehle « *en souvenir de sa négociation*, offrit de
« neutraliser un bataillon, de le faire sortir avec armes et
« bagages, drapeau déployé, et de l'envoyer en Algérie.
« Sous prétexte qu'il aurait été difficile de choisir ce ba-
« taillon, etc., etc..., on refusa cette clause glorieuse qui
« aurait vengé d'avance notre armée de Metz, des indignes
« calomnies qui l'ont poursuivie. »

En vérité, quand la présomption et la vanité arrivent à
ces proportions, elles deviennent monumentales !

Voyez-vous ce général ennemi, accordant les honneurs
de la guerre à cette brave armée de Metz, non pas parce
qu'elle s'est toujours admirablement battue..... quand on
a bien voulu la faire battre ; non pas parce que l'ineptie
ou la trahison de son chef l'a réduite à la famine, et lui a
fait *seule* tomber les armes des mains ; non, c'est *un petit
souvenir* personnel que le général Stiehle accorde au

général Changarnier, sans doute en raison de l'héroïsme qu'il a déployé à Metz ; *c'est en souvenir de sa négociation ;* c'est uniquement parce que l'armée de Metz a eu l'inestimable avantage de pouvoir l'envoyer pour capituler, que l'ennemi veut bien.....

Ah ! que le général Stiehle a dû rire s'il a lu ce discours !

M. le général Jarras a écrit une lettre de quatre pages au général Changarnier pour lui dire que son assertion était..... inexacte.

Nous y reviendrons plus loin ; car, en fait d'inexactitude, le factum de M. Jarras ne le cède en rien aux forfanteries de M. le général Changarnier.

Quant à celui-ci, quelques-uns s'étonneront peut-être que l'homme qui disait à Bourbaki la veille de son départ : « Soyez sans inquiétude, nous percerons les lignes prussiennes, nous nous ouvrirons un passage, » (1) et qui n'a pas même protesté contre la vente de nos drapeaux ; qui a défendu Bazaine et insulté Denfert, quelques-uns s'étonneront peut-être que cet homme n'ait pas du moins la pudeur du silence !

*
* *

LE GÉNÉRAL BOYER

Le général Boyer a été l'instrument de Bazaine. Attaché à sa fortune, et depuis longtemps son aide de camp, il est resté auprès de lui, sur sa demande, même après sa nomination de général ; ce qui était contraire au règlement.

(1) *Enquête sur les actes du Gouvernement de la défense nationale,* t. III, p. 246.

« Nous avons expliqué, dit le colonel d'Andlau, les
« motifs sur lesquels on s'appuyait pour dissuader le
« maréchal de s'aventurer en rase campagne ; le géné-
« ral Boyer insistait dans ce sens avec toute l'autorité de
« son âge, de son grade, et de sa longue intimité ; dès
« cette époque (5 octobre), il pouvait être considéré comme
« le chef de la singulière école qui poussait à des négocia-
« tions et admettait volontiers la captivité comme dernière
« étape de ce qui restait, après deux mois, de l'armée du
« Rhin ; il se préparait ainsi au triste rôle qu'il a joué plus
« tard. »

Sur la demande du maréchal Bazaine, le conseil accepta
comme négociateur son aide-de-camp, le général Boyer, et
ce fut là une condescendance fâcheuse vis-à-vis du commandement. Dans les circonstances où l'on se trouvait,
ce choix devait faire craindre une conformité de vues et
d'intérêts dont il y avait lieu de se défier, après les bruits
qui avaient circulé, après la conduite et l'abstention inex-
plicables qui avaient créé la cruelle nécessité en face de
laquelle on se trouva le 10 octobre ; *si les membres du conseil ont été trompés, c'est donc qu'ils l'ont bien voulu.*

Quant au général Boyer, s'il eût été loyal, il n'avait
qu'une conduite à tenir le jour où il a vu à quelles intrigues le maréchal comptait l'employer. Le patriotisme le
plus élémentaire devait lui défendre d'accepter le rôle qu'il
n'a que trop bien rempli dans les vues de M. Bazaine, mais
aussi pour la perte de l'armée.

Peut-être dira-t-il aussi qu'il a été trompé?

Avec un peu plus de modestie, il eut compris qu'il n'é-
tait pas de taille à lutter avec un Bismark et un de Moltke;
s'il a été joué, lui pygmée, par ces hommes de guerre et
d'Etat, cette punition de sa présomption était fatale ; mal-
heureusement, c'est la France et l'armée de Metz qui en
ont fait les frais.

On reprochera éternellement à Boyer les faux renseignements qu'il a donnés au conseil sur la situation de la
France, à son retour de Versailles. Il a déclaré n'avoir pu
prendre aucun renseignement contradictoire, ni près d'aucun Français, ni dans aucune de nos feuilles publiques; on
raconta cependant plus tard qu'il avait rapporté deux journaux dont les renseignements auraient peu concordé avec
ceux des autorités prussiennes. On sait de plus que, dans
la maison qu'il habita à Versailles, il avait été mis à même
de voir un barbier, une vieille servante mise à sa disposition; cela eut dû lui suffire pour obtenir d'autres renseignements plus dignes de foi. Il est difficile d'admettre que,
pendant cette absence de cinq jours, avec de la bonne volonté et un peu d'adresse, le général Boyer n'ait pas été à
même de se mieux renseigner sur la situation exacte des
choses.

Dans tous les cas, si la consigne lui avait été imposée de
ne voir aucun de ses compatriotes, de ne causer avec aucun d'eux, n'était-ce pas la preuve la plus claire que la situation n'était pas celle que l'ennemi lui dépeignait; n'était-
ce pas une raison pour se défier des renseignements qui
lui étaient donnés? le simple bon sens ne faisait-il pas une
loi de prendre précisément pour certain le contre-pied de
ces renseignements?

Si l'ennemi prétendait que la résistance était abattue,
c'est que l'on résistait toujours; si M. de Bismark prétendait que la France était dans l'anarchie, c'est que tout le
monde se pressait, au contraire, autour du Gouvernement
de la défense; si M. de Bismark voulait rétablir l'empire,
et déclarait ne pas vouloir traiter avec le Gouvernement de
la défense, c'est que ce dernier refusait de traiter de la paix
et que la France l'appuyait pour continuer la lutte.

Voilà ce que le simple bon sens suffisait à démontrer,
et ce qui était, en effet, la vérité.

Faire de la politique dans une pareille situation, priver le pays de sa meilleure armée par une capitulation sans exemple ; faire de la politique, surtout, de compte à demi avec l'ennemi, pour imposer un gouvernement à la France, c'était un crime, et Boyer a été l'instrument de ce crime. Voilà ce que la patrie ne lui pardonnera jamais.

Retiré en Belgique après la capitulation, Boyer, comme on l'a prétendu, a-t-il continué la triste tâche qu'il avait acceptée ? a-t-il eu une part quelconque à la rédaction du *Drapeau*, d'horrible mémoire ? On l'a dit, mais nous n'en savons rien. « Mais pourquoi, parti le 19 de Metz, et « n'ayant pas réussi *dans sa négociation* en Angleterre, « n'est-il pas revenu, avant le 29, pour la capitulalion ? « Pourquoi le général Boyer, après cette capitulation à « laquelle il avait tant coopéré, a-t-il pu se promener im- « punément d'Angleterre à Bruxelles, pour y retrouver, « dit-on, ses amis de l'hôtel Bellevue, de là se rendre à « Cassel, le 2 novembre, voir le maréchal Bazaine, puis retourner en Belgique ? » (*L'armée de Metz et le maréchal Bazaine*, p. 112).

A quoi Boyer a-t-il ainsi employé son temps, *en toute liberté*, tandis que ses camarades étaient en captivité ?

L'armée de Metz et ses camarades ont le droit de le lui demander.

Pendant son séjour à Bruxelles, le général Boyer a voulu répondre aux accusations dont il était l'objet. Voici la lettre qu'il a adressée à l'*Indépendance Belge* à la date du 31 octobre :

« Le bruit qui se fait autour de mon nom depuis plu- « sieurs jours, les interprétations de toute sorte auxquelles « a donné lieu la mission dont j'étais chargé, ne m'au- « raient point fait sortir de la réserve qui m'était imposée « par les circonstances.

« J'ai laissé courir les bruits ; je n'avais point à rectifier

15.

« les interprétations; mais je lis tous les jours dans toutes
« les feuilles publiques des appels à l'honneur et au pa-
« triotisme de la France, auxquels sont joints des ana-
« thèmes lancés contre le maréchal Bazaine et contre les
« chefs militaires de l'armée du Rhin.

« Les injures et les attaques violentes sont les seuls ar-
« guments dont puisse disposer M. Gambetta.

« Il use largement de ces moyens oratoires. Sans doute
« il trompera quelques esprits naïfs ou timorés qui gros-
« siront l'armée des exaltés.

« Plus modéré que lui, je me borne à protester contre
« son inqualifiable violence, et, au nom de l'armée du
« Rhin tout entière, de laquelle je tiens la mission qui
« m'a amené à Versailles et à Londres, au nom de son
« glorieux chef, je déclare que M. Gambetta offense la
« conscience publique autant que nos valeureux soldats,
« en parlant d'infamies et de scélératesses.

« Nous n'avons pas capitulé avec l'honneur, nous n'a-
« vons pas capitulé avec le devoir, nous avons capitulé
« avec la faim.

« Général baron NAPOLÉON BOYER. »

Il n'y a qu'une réponse catégorique à faire à cette lettre:
des rangs de cette armée, au nom de laquelle M. Boyer
prétend parler, et de laquelle il prétend avoir tenu sa mission, il ne s'est pas élevé une seule voix pour le défendre,
pour répondre aux milliers de voix qui l'ont maudit ainsi
que son chef.

M. Boyer se moque des gens « timorés », en cela il est
dans son rôle; quant aux « naïfs, » il doit voir aujourd'hui
que le nombre en est moins grand qu'il ne le pensait; on
connaît maintenant les trompés et les trompeurs!

Nous ne dirons rien de la tactique employée par M.
Boyer comme par son chef, et qui consiste à défendre l'ar-

mée, comme si on l'attaquait. M. Boyer sait parfaitement
que dans le procès de Metz, ce n'est ni l'armée, ni l'immense majorité de ses chefs qui ont fait leur devoir, qui se
sont admirablement battus, qui ont lutté d'abnégation et
de dévouement, que l'opinion met en cause. M. Boyer sait
parfaitement qu'il s'agit seulement d'une infime minorité,
de quelques individualités qui ont eu, sur le désastre de
Metz, une influence dont ils doivent compte. M. Boyer est
de ces derniers, il n'appartient ni a lui, ni à ceux dont
nous parlons de faire de leur cause, la cause de l'armée.

Un de ses camarades, le commandant d'artillerie Dubois,
« a répondu à l'*Indépendance Belge* : « L'armée du Rhin est
« restée tout entière étrangère aux honteuses machinations
« dont Boyer a été l'agent, et qui ont eu le triste résultat
« que tout le monde connaît. Si elle avait la possibilité de
« faire connaître son sentiment, des milliers de voix s'élè-
« veraient pour protester contre cette audacieuse préten-
« tion. »

Il n'y a rien à ajouter, nous terminerons ce qui regarde
M. Boyer par une seconde réponse que lui a attirée sa
malencontreuse protestation. Elle est signée probablement
d'un nom de fantaisie, mais sa vivacité originale caractérise la situation. Ce sera la seule note gaie au milieu de ce
concert de tristesses :

« A monsieur le baron Napoléon Boyer,

« Mon général, en réponse à votre lettre du 31 octobre
« dans l'*Indépendance Belge*, je vous prie de vouloir bien
« me faire savoir par la même voie, si les 53 aigles rendues
« aux Prussiens ont aussi capitulé avec la faim. »

« Baron de Schleswig. »

LE GÉNÉRAL DE CISSEY.

M. le général de Cissey,— depuis ministre de la guerre,
— était à Metz simple divisionnaire de M. le général de
Ladmirault.

On s'est demandé à quel titre M. le général de Cissey
avait été appelé à prendre, dans la capitulation, une part
aussi importante que celle qui lui a été dévolue par
M. Bazaine.

M. de Cissey a été choisi, en effet, comme négociateur
auprès du prince Frédéric-Charles, et cela le 25 octobre,
par conséquent avant la séance du 26, avant que le conseil
n'eût statué sur la nécessité de capituler.

Il ne fut remplacé dans la négociation, par le général
Jarras, que le lendemain de la décision du conseil.

La situation de M. de Cissey est donc fort délicate. La
preuve de confiance dont l'a honoré M. Bazaine permet
de supposer qu'il faisait partie de ces généraux que le
maréchal cite comme *ayant prévu l'avenir, et ayant voulu
réserver l'armée de Metz pour sauvegarder la société,* mais
aussi, préalablement, comme le prouve la mission de
Boyer, *pour un coup d'Etat, pour un pronunciamiento
militaire, et la restauration de l'empire.*

Par ses antécédents, ses opinions, et son attitude pendant son passage au ministère, M. de Cissey s'est constitué le défenseur de tout le système militaire qui nous a
régi pendant vingt ans. Il a été le point d'appui de toutes
les ambitions qui se rattachent à l'empire. Il a choisi pour
chef d'état-major le général Hartung, ancien sous-direc-
teur sous les ordres du général Castelnau, l'aide-de-camp
de l'empereur. M. Hartung, l'un des merveilleux *préparateurs* de notre campagne de 1870! C'est par sa bouche

et celle de **MM.** Wolf, Suzanne, Dejean, etc., etc., que le maréchal Lebœuf parlait, quand il disait au Corps législatif : « Nous sommes prêts ! » Ses directeurs avaient dû le lui garantir !

Au lieu de faire maison nette de ces incapacités étoilées, qui n'avaient su que préparer notre défaite dans leurs bureaux, ou nous y conduire sur le champ de bataille, **M.** le général de Cissey s'est entouré de tous ces fidèles de l'empire et du commandant de l'armée du Rhin, à l'exclusion de tous les chefs qui avaient su montrer quelque vigueur, quelque initiative, et surtout quelque patriotisme. Grâce à lui, ces fidèles qui ont formé la petite église de Hambourg, comme ils avaient composé ce que l'armée du Rhin appelait la *grande écurie;* ces fidèles, disons-nous, sont venus réoccuper les différents postes , soit au ministère, soit dans les comités, soit dans l'armée de Versailles, formant une garde sacrée, disposée à s'opposer aux réformes de quelque nature quelles fussent. Ces gens-là ne pouvaient en effet se déjuger; aussi ont-ils été les plus opposés, **M.** de Cissey en tête, à ce qu'on fît la lumière sur les causes et les auteurs de nos désastres.

On n'a pas oublié la résistance opposée à l'opinion publique au sujet de l'enquête sur la conduite du commandant en chef de l'armée du Rhin.

Il a fallu qu'un officier se dévouât ; il a fallu que le colonel de Villenoisy adressât une pétition à l'Assemblée nationale pour que cette enquête fut enfin ordonnée.

Plus tard, quand les conclusions du conseil d'enquête n'ont plus permis de soustraire cette grande cause à la ustice ; on a vu, avec stupéfaction, **M.** le ministre de la guerre, de Cissey, présenter un projet de loi portant modification du code de justice militaire en vue de la composition du conseil de guerre appelé à juger **M.** Bazaine, et viser, dans son exposé, non pas les conclusions de la commission d'enquête sur les capitulations, mais, en revanche, ce qui était certes inattendu, une lettre du maréchal Bazaine demandant des juges !

A en croire cet exposé, M. Bazaine, s'il n'avait pas demandé à être jugé, n'eût pas été renvoyé devant un conseil de guerre.

On a peine à comprendre comment M. de Cissey a pu s'imaginer que la conscience nationale s'accommoderait d'une telle interversion des rôles. Il eût été plus simple de prier M. Bazaine d'instruire lui-même son procès, de nommer ses juges, et de les présider en personne.

L'Assemblée, en votant à l'unanimité le renvoi du projet de loi à la commission, a fait droit à la demande de M. le général Chanzy ; l'honorable général n'a pas cru qu'il fut nécessaire d'expliquer les motifs de sa demande. Il a ajouté simplement que la lecture de ce projet avait produit au sein de la commission une émotion qui serait comprise par tout le monde.

Il y avait dans ces quelques mots une leçon que M. de Cissey aura dû comprendre aussi.

Après tant de désastres immérités, subis par notre vaillante armée, si fidèle au patriotisme et à l'honneur, qui a montré si souvent, pendant notre malheureuse guerre, tout ce qu'elle aurait pu accomplir pour la défense de la patrie, si la fortune lui eût donné des chefs dignes d'elle ; il fallait à cette armée un ministre moins disposé à temporiser dans la répression des faiblesses, des fautes ou des crimes de quelques-uns. L'hésitation de M. de Cissey à reprendre et à confirmer les principes immuables qui sont la base des vertus militaires, a été, nous ne craignons pas de le dire, un désastre de plus ajouté à ceux dont l'armée et la France ont déjà tant souffert.

*
* *

LE GÉNÉRAL JARRAS

M. le général Jarras a été le chef d'état-major de M. Bazaine. Il était avant aide-major-général, lorsque le maréchal Lebœuf était lui-même major-général de l'armée.

« Celui-ci, a dit un écrivain militaire, avait besoin de
« bons auxiliaires, d'autres hommes que les généraux
« Lebrun et Jarras, mis à l'épreuve et jugés : l'un d'une
« réputation surfaite, due au reflet de l'illustre maréchal
« près duquel il a longtemps servi; l'autre, paperassier
« sans vergogne, sans capacité, sans prévoyance, et, nous
« le verrons plus tard, dénué de toute appréciation réelle
« des sentiments de l'honneur militaire. » (1)

Ce jugement est sévère, mais, il faut bien le dire, nous le retrouvons partout.

« Comment voulait-on qu'il en fût autrement, dit un
« autre écrivain, à propos de l'armée de Metz, quand le
« chef d'état-major de cette armée de 150,000 hommes ne
« connaissait même pas les emplacements de ses avant-
« postes. Et parfois, pourtant, l'officier qui revenait des
« grand-gardes lui rendaient compte (sanglante ironie!)
« que ce matin-là même, on avait vu le chef d'état-major
« prussien parcourir, comme à son ordinaire, la ligne des
« avancées. » (2)

L'auteur de « *Campagne et négociations* » dont la modé-

____

(1) *Justice à qui de droit*, petite brochure admirable d'élévation et de patriotisme, p. 20.

(2) *L'armée de Metz et le maréchal Bazaine*, p. 83.

ration est si remarquable, confirme implicitement ces jugements, en rendant compte de la manière dont M. Jarras a été imposé au maréchal Bazaine.

« Certes, il dut s'étonner de l'opposition qu'il rencontra;
« quel qu'en pût être le mobile, le but était de lui impo-
« ser, comme chef d'état-major-général, le général Jarras,
« dernière épave du naufrage dans lequel avait sombré
« l'ancien commandant de l'armée du Rhin.

« Ce fut là une véritable faute, il faut le dire, de la
« part de ceux qui y contribuèrent, quand on songe à l'im-
« portance des fonctions d'un chef d'état-major, à l'intel-
« ligence, à la vivacité d'esprit qui lui sont nécessaires, à
« l'activité incessante qu'il faut déployer, à la vigilance
« continuelle qu'il a à exercer sur l'emplacement des
« troupes, le service des avant-postes, les marches, etc....

« Le maréchal Bazaine céda à la pression qui fut exer-
« cée, et accepta le général Jarras; cette faiblesse fut un
« malheur pour lui et pour l'armée...., s'il avait eu près
« de lui l'officier qu'il désirait, il eût certainement été arrêté
« dans la voie où il entra plus tard..... » (1)

Nous ne ferons certes pas, à M. le général Jarras, un reproche de n'avoir pas eu les sympathies de M. Bazaine. Mais nous lui reprocherons le manque de caractère et de dignité qui lui a fait accepter les déboires et les humiliations d'une pareille situation. Constamment tenu à l'écart par le maréchal, M. Jarras aurait dû donner sa démission, et ne pas accepter qu'on ne réclamât ses services que le jour où il faudrait l'envoyer à Frescaty pour traiter définitivement « du degré d'humiliation qui allait être infligé à 173,000 Français. »

C'était la première fois, dit le colonel d'Andlau, que le

_____

(1) *Campagne et négociations*, p. 55.

chef d'état-major-général, tenu jusque là complétement à l'écart par le commandant en chef, se voyait directement associé à ses actes et à ses desseins.

M. le général Jarras, dans la lettre rectificative qu'il a publiée à propos du discours du général Changarnier à l'Assemblée, dit qu'il a été désigné « malgré ses protestations, » pour signer *la convention*, dont les conditions étaient déjà connues et arrêtées.

Cette circonstance, qui serait à son honneur, s'il avait maintenu ses protestations jusqu'au bout, s'il avait refusé d'attacher son nom à l'acte final qui passera dans l'histoire sous sa signature, cette circonstance constate seulement, une fois de plus, à quelle situation M. Jarras avait pu se résigner à l'armée de Metz.

Ce n'est pas lui, en effet, que l'on avait envoyé à l'ennemi pour disputer les lambeaux de notre honneur. Malgré ses fonctions de chef d'état-major qui le désignaient tout naturellement, réglementairement, il n'avait été adjoint, ni à M. Changarnier, ni à M. de Cissey.

C'est M. de Cissey qui rapporta, écrites de la main du chef d'état-major prussien, ces conditions pour lesquelles, suivant MM. Changarnier et de Cissey, « il fallait s'attendre à ne rencontrer chez l'ennemi que la plus froide inflexibilité, et le refus d'admettre tout adoucissement. » (1)

C'était bien le cas et le droit, pour M. Jarras, de renvoyer, à ceux qui avaient été chargés de débattre ces conditions en son lieu et place, la triste commission de les signer.

M. Jarras accepta ce déboire comme le reste, et nous croyons volontiers qu'il fit son possible pour lutter contre les exigences de l'ennemi, mais il s'en faut de beaucoup que

(1) Lettre de M. le général Jarras.

l'on soit d'accord sur la façon dont les choses se sont passées. S'il faut en croire M. Jarras, d'après les conditions obtenues par les précédents négociateurs, et rapportées par M. de Cissey, les officiers prisonniers n'avaient pas le droit de conserver leur épée; et c'est à lui, M. Jarras, que l'on doit cette concession de l'ennemi.

A l'appui de cette assertion, il dit que la nécessité d'en référer au roi de Prusse fut précisément la cause du retard apporté à la signature de la capitulation, qui devait être signée le 26, et ne le fut que le 27. Ceci est parfaitement inexact. La capitulation ne pouvait pas être signée le 26, par la raison que M. Jarras, *prévoyant*, suivant son habitude, n'avait négligé qu'une chose : c'était de se munir des pouvoirs en règles qui devaient l'autoriser à traiter; et ce ne fut pas une mince surprise pour le chef d'état-major prussien, lorsque celui-ci exhiba les siens au commencement de la séance.

Le roi de Prusse fit connaître par un télégramme que les honneurs de la guerre étaient accordés à l'armée, et que les officiers conserveraient leur épée. Or, voici ce que rapporte textuellement M. le colonel Fay. (1)

« Nous devons peut-être au hasard cette concession si
« rapidement obtenue. On avait compté au quartier royal
« que la convention serait signée le 26 ; le général Stiehle
« était muni de pleins pouvoirs à cet effet, mais le général
« Jarras, ce jour-là, n'avait pas encore les siens.

« Le roi, sans attendre la nouvelle de la signature, avait
« télégraphié, le 27 au matin, à la reine, la dépêche sui-
« vante : « Ce matin ont capitulé l'armée de Bazaine et la
« place de Metz. L'armée et la garnison mettent bas les
« armes aujourd'hui à midi. »

____

(1) *Journal d'un officier de l'armée du Rhin*, p. 260.

« On comprend qu'après ce télégramme, on avait
« quelques raisons pour ne pas nous refuser une satis-
« faction bien simple d'ailleurs.

« Comment après cette concession, instamment de-
« mandée par notre plénipotentiaire et accordée par l'en-
« nemi, en est-on revenu, dans la deuxième séance, à la
« rédaction prussienne de l'article 3, et cela sur l'ordre du
« commandant en chef français ! (1) C'est ce que je ne
« veux pas dire ici. Je ne parlerai pas d'avantage de l'his-
« toire des drapeaux ; elle me ferait abandonner la modé-
» ration que je me suis imposée dans tout ce récit. »

M. le colonel Fay, avec le commandant Samuel, ont
accompagné M. Jarras au quartier général allemand. Ce
qu'il n'a pas voulu dire dans son livre, M. Fay le dira
devant le conseil de guerre, car sa version diffère complétement de celle de M. Jarras, et la question est assez importante pour que la *vraie vérité* soit établie.

De son côté, M. le colonel d'Andlau a donné le récit le
plus émouvant des incidents de la conférence entre les
deux chefs d'état-major français et prussien. Il dépeint en
traits ineffaçables la stupeur de l'un, et l'humiliation de
l'autre, quand il a fallu constater que la capitulation ne
livrait pas moins de 170,000 français à l'armée prussienne.
Les débats pour la conservation des bagages et le mar-
chandage qui a eu lieu à ce sujet soulèvent le cœur. Comme
rançon de ces défroques — car si c'était autre chose pour
les maréchaux et les généraux, pour les officiers ce n'était
que cela ! — forts, armes et matériel, *tout devait être livré
dans l'état où il serait au moment de la signature de la convention.* Par conséquent on avait le droit de faire détruire,
entre la conférence du 26 où ces conditions étaient posées,

---

(1) La rédaction primitive prussienne de l'art. 3 n'accordait pas les
honneurs de la guerre concédés par le roi de Prusse.

et le 27, jour de la signature, tout ce qu'il était le plus important de ne pas laisser à l'ennemi, ne fût-ce que les drapeaux. Et on n'en a rien fait, « à cause, dit naïvement M. Bazaine, des affreux malheurs dont la ville et les habitants se seraient trouvés menacés, par suite du manquement *à la convention signée*..... »

Rien n'est plus inexact, M. Jarras l'a bien expliqué lui-même : la convention *n'était pas signée* le 26, ni même le 27 au matin, puisque M. Jarras ne l'a rapportée, c'est M. Bazaine qui le dit (p, 202), que dans la nuit du 27 au 28.

Quant aux malheurs qui pouvaient atteindre la ville et l'armée, que pouvait-on leur infliger de plus dur que ce qui était consacré par la capitulation, à moins de violer toutes les lois de la guerre, de la civilisation, de l'humanité ?

La perte possible des bagages, il faut toujours en revenir là, voilà la seule aggravation qui pouvait être apportée à la situation de l'armée, et elle ne touchait en rien les soldats, et bien peu les officiers. Voilà ce qu'eût peut-être coûté la destruction des drapeaux, et l'exécution des prescriptions du règlement militaire à l'égard du matériel, des munitions, des poudres, etc., etc.....

M. Jarras aura à expliquer aussi comment, ayant *les pleins pouvoirs* du commandant en chef et des membres du conseil (voir Bazaine, p. 204) il a osé prendre sur lui de laisser biffer, dans l'article 3 de la capitulation, « *les honneurs militaires* » accordés à l'armée par le roi de Prusse ; c'est-à-dire la seule concession, comme l'a dit le colonel d'Andlau, qui eût pu donner à cette capitulation une apparence d'honorabilité.

Les débats feront la lumière sur ce fait inouï, monstrueux, et il faut qu'ils la versent à flots. M. Bazaine a donné son explication qui engage tous les membres du conseil. On ne doit l'accepter que sous bénéfice d'inventaire. Mais si elle est exacte, M. Jarras devait refuser d'accepter de pareilles instructions. Il devait demander qu'on envoyât un autre négociateur. Rien ne peut obliger un officier à se faire l'instrument d'une infamie que condamnent toutes les traditions, toutes les lois, tous les règlements militaires.

« Les plaies faites à l'honneur ne guérissent pas, a dit Napoléon. » N'est-ce pas une blessure à l'honneur de nos armes que la suppression consentie ou demandée dans le texte du protocole de Metz?

M. Jarras, comme preuve de « la manière satisfaisante » dont il a usé des pleins pouvoirs qui lui étaient délégués, insiste sur ce point que, grâce à lui, les officiers ont été autorisés à conserver leur épée et leurs bagages. *On sait, ajoute-t-il que cette faveur constitue la différence essentielle qui existe entre la capitulation de Metz et celle de Sedan.*

Dieu sait, s'il est quelqu'un au monde qui rende plus complète justice que nous à notre vaillante et malheureuse armée du Rhin. Dieu sait aussi, combien il nous est douloureux d'avoir à établir un rapprochement à quelque titre que ce soit, entre nos désastres de Metz et de Sedan!

Mais puisque M. Jarras, dans son outrecuidance de négociateur (!) n'a pas compris ce qu'une pareille évocation avait de peu généreux à l'égard d'une armée qui a été sacrifiée pour sauver celle de Metz, et perdue parce que M. Bazaine l'a voulu; nous nous permettrons, nous qui faisions partie de l'armée de Sedan, de lui répondre ceci :

Lorsque l'armée de Châlons a capitulé dans le traquenard où elle se trouvait emprisonnée sans vivres, sans munitions, sans possibilité aucune de sortir, de se former et de combattre, — elle venait de se battre pendant quatre jours consécutifs, le 29 août à *Nouart*, le 30 à *Mouzon*, le 31 à *Bazeilles*, et le 1er septembre enfin, pendant douze heures, sous les murs de *Sedan*.

Elle comptait 80,000 hommes, — les dépêches prussiennes en font foi — et elle avait deux armées, 248,000 hommes devant elle, au moment où la capitulation a été signée.

Son général en chef a eu le tort impardonnable de laisser inscrire dans la capitulation de Sedan, comme depuis, M. Jarras dans celle de Metz, une stipulation défendue par nos réglements militaires, savoir : Que les officiers qui prendraient *individuellement* l'engagement de ne plus combattre la Prusse, conserveraient leur épée et leurs bagages et ne seraient pas prisonniers.

Une pareille *faveur*, comme l'appelle M. Jarras, cessait d'être un honneur, du moment où elle était accordée aux défaillants, à ceux qui manquaient à leur devoir, à ceux qui désertaient la lutte et ses conséquences; à ceux enfin, qui violaient la loi militaire en séparant leur sort de celui de leurs soldats.

Du moment où leur général, après quatre jours consécutifs de combats, n'avait pas su ou pu obtenir pour son armée les honneurs de la guerre, les officiers de Sedan auraient manqué à leur devoir en réclamant ou en acceptant un « honneur » quelconque, alors que la capitulation n'en inscrivait aucun pour leurs troupes.

La solidarité que commande le règlement n'admet pas de distinction.

A Metz, le fait est parfaitement prouvé, le roi de Prusse avait accordé les honneurs de la guerre à toute l'armée. Les officiers avaient donc le droit de profiter, comme ils l'ont fait, de la clause honorable qui leur conservait leur épée.

Mais cette clause, dont se targue M. Jarras comme d'un avantage conquis par son énergie, lui, ou ceux qui l'ont inspiré, ceux qui ont laissé ou fait biffer de la capitulation les honneurs accordés à nos soldats, ceux-là devraient être les derniers auxquels il fut permis de s'en prévaloir.

Oui, Monsieur Jarras, les officiers prisonniers n'ont pas été traités à Sedan comme à Metz; mais il s'agit de s'entendre.

Ils n'ont pas conservé leur épée, vous l'avez dit; mais ils l'ont brisée, *comme leurs soldats* ont brisé leurs armes et les ont jetées dans la Meuse.

Ils n'ont pas conservé leurs bagages; rien de plus exact. Mais c'était pour eux, comme pour leurs braves camarades de Metz, le dernier des soucis; ils sont partis pour l'Allemagne à pied, dépouillés, mais dépouillés et dénués de tout, *comme leurs soldats*.

Il ne leur restait pas de munitions à abandonner; mais ils n'ont pas abandonné non plus de drapeaux à l'ennemi.

A Sedan, les Prussiens n'ont pas trouvé leurs trophées *graissés et en bon état de service*, comme à Metz. C'est que les chefs de l'armée de Châlons, disons-le à leur honneur, avaient eu..... l'indélicatesse de n'y pas tenir la main. Quant au négociateur de Bellevue, en souvenir, sans doute, des prescriptions de nos règlements, il n'avait pas cru devoir prendre, à l'égard de nos armes et de notre matériel, l'engagement si plein de sollicitude du négociateur de Frescaty.

Nous avons répondu à M. Jarras.

Il ne nous reste plus qu'à résumer, en deux mots, l'ensemble de sa conduite à Metz. Pendant tout le cours du blocus, le rôle absolument nul dont il a pu s'accommoder le décharge évidemment de toute responsabilité; mais on se demande comment il a pu le supporter. Ce ne sont pas les splendides appointements attachés à ses fonctions qui l'ont empêché de les résigner ou qui sont venus, le moins du monde, en aide à son abnégation (1)? Nous ne comprenons donc pas que, après s'être laissé annihiler d'une façon aussi persévérante, il ait précisément consenti à n'entrer en scène que pour légaliser, en quelque sorte, la ruine de l'armée.

C'était bien le moins de bénéficier jusqu'au bout, et pour cette circonstance, de l'exclusion qui l'avait frappé jusque là.

M. Jarras n'aurait pas à répondre aujourd'hui, comme gardien et responsable des archives de l'armée, de l'ordre qu'il a donné d'enlever, du registre de correspondance, la page sur laquelle étaient copiées, au sujet des drapeaux, et la circulaire aux commandants de corps, et la lettre au général Coffinières. (*Campagne et négociations*, p. 303.)

Tel est le compte de M. le général Jarras à l'armée du Rhin. Mais il en est un autre qui lui est commun avec tous nos *préparateurs* de la guerre de 1870, et qui doit aussi être liquidé.

Chacun sait combien les cartes ont fait défaut à nos armées de Metz et de Châlons. États-major ni généraux n'en avaient, tandis que les Prussiens possédaient et distribuaient *par millions*, à leurs officiers et à leurs sous-officiers, des exemplaires de notre carte du dépôt de la guerre, reproduite par tous les procédés. Eh bien! il faut que l'on sache que, avant 1870, et M. Jarras étant directeur du dépôt de la guerre, quand un officier français voulait obtenir, à un prix abordable, cette même carte, que l'on donnait gratis dans l'armée prussienne, il fallait une autorisation individuelle et spéciale du ministre. Il fallait, en outre, s'adresser à *l'unique* individu auquel le

____

(1) Solde brute du chef d'état-major général à l'armée du Rhin, 20,750 francs. — Frais de bureaux, 25,000 francs. — Frais de représentation, 20,000 francs. — Total, 65,750 francs.

monopole de la vente était concédé à Paris. Tels sont les errements que M. le directeur Jarras a laissés en vigueur derrière lui, en se rendant à l'armée du Rhin.

On comprendra maintenant comment les fourgons de notre état-major étaient bourrés de cartes de Silésie ou de Poméranie, tandis que ni pour or, ni pour argent, un officier ne pouvait se procurer une carte convenable de la Moselle ou des Ardennes.

CONCLUSION

On l'a dit : se désintéresser du procès de Metz, ce serait se désintéresser de la France, de son histoire, de son avenir?

Qui le pourrait sans honte?

Chacun est armé maintenant pour ce débat national.

A tous de le suivre avec une attention que rien ne devra distraire, ni lasser.

La vérité est à ce prix.

TABLE DES MATIÈRES

Imprimerie Moderne (BARTHIER dr), rue J.-J.-Rousseau. 61

A L'ALSACE! — A LA LORRAINE!

Le dernier soldat prussien franchissait notre nouvelle frontière; le dernier de nos envahisseurs délivrait de sa souillure ce qui reste aujourd'hui de la France, au moment où nous écrivions les dernières pages de ce livre.

Nous le dédions à nos provinces et à nos villes martyres; à l'Alsace, à la Lorraine, victimes et rançon de nos fautes.

Puisse-t-il rappeler à ceux qui furent et restent la meilleure partie de nous-mêmes, l'incurable regret que nous laisse leur perte.

Puisse-t-il être un gage, pour eux, de l'indomptable espoir qui survit à la séparation.

Puisse-t-il contribuer à soutenir leur résignation: les pénétrer de notre foi en un meilleur avenir, et leur porter le serment qui résume désormais toutes les colères, toutes les haines, toutes les aspirations de la France mutilée, mais debout.

Ce serment est tout entier dans *un mot*; pour notre dignité, jusqu'au jour propice, ne le prononçons jamais, mais *pensons-y toujours!*

C. M.